파고다교육그룹 언어교육연구소 | 저

PAGODA
TOEFL

90+
Writing
Actual Test

PAGODA Books

PAGODA
TOEFL

90+ Writing
Actual Test

초판　1쇄 발행　2014년　12월 15일
개정판 1쇄 발행　2021년　2월 26일

지 은 이 | 파고다교육그룹 언어교육연구소
펴 낸 이 | 고루다
펴 낸 곳 | Wit&Wisdom 도서출판 위트앤위즈덤
임프린트 | **PAGODA Books**
출판등록 | 2005년 5월 27일 제 300-2005-90호
주　　소 | 06614 서울특별시 서초구 강남대로 419, 19층(서초동, 파고다타워)
전　　화 | (02) 6940-4070
팩　　스 | (02) 536-0660
홈페이지 | www.pagodabook.com

ISBN 978-89-6281-869-7 (14740)

도서출판 위트앤위즈덤　　www.pagodabook.com
파고다 어학원　　www.pagoda21.com
파고다 인강　　www.pagodastar.com
테스트 클리닉　　www.testclinic.com

PAGODA Books는 도서출판 Wit&Wisdom의 성인 어학 전문 임프린트입니다.
낙장 및 파본은 구매처에서 교환해 드립니다.

2019년 8월
New iBT TOEFL®의 시작!

2019년 5월 22일, TOEFL 주관사인 미국 ETS(Educational Testing Service)는 iBT TOEFL® 시험 시간이 기존보다 30분 단축되며, 이에 따라 Writing을 제외한 3가지 시험 영역이 다음과 같이 변경된다고 발표했다. 새로 바뀐 iBT TOEFL® 시험은 2019년 8월 3일 정기시험부터 시행되고 있다.

- 총 시험 시간 기존 약 3시간 30분 ···→ 약 3시간으로 단축
- 시험 점수는 각 영역당 30점씩 총 120점 만점으로 기존과 변함 없음

영역	2019년 8월 1일 이전	2019년 8월 1일 이후
Reading	지문 3~4개 각 지문 당 12~14문제 시험 시간 60~80분	지문 3~4개 각 지문 당 10문제 시험 시간 54~72분
Listening	대화 2~3개, 각 5문제 강의 4~6개, 각 6문제 시험 시간 60~90분	대화 2~3개, 각 5문제 강의 3~4개, 각 6문제 시험 시간 41~57분
Speaking	6개 과제 독립형 과제 2개 통합형 과제 4개 시험 시간 20분	4개 과제 독립형 과제 1개 통합형 과제 3개 시험 시간 17분
Writing	*변함 없음 2개 과제 시험 시간 50분	

목차

이 책의 구성과 특징

≫ New TOEFL 변경사항 및 최신 출제 유형 완벽 반영!

2019년 8월부터 변경된 새로운 토플 시험을 반영, iBT TOEFL® 90점 이상을 목표로 하는 학습자를 위해 최근 iBT TOEFL®의 출제 경향을 완벽하게 반영한 문제와 주제를 골고루 다루고 있습니다.

≫ 예제를 통한 문제 유형별 공략법 정리!

본격적으로 실전에 들어가기에 앞서, iBT TOEFL® Writing의 2가지 문제 유형과 예시 답변을 정리해 자주 나오는 질문을 파악하고 iBT TOEFL® 전문 연구원이 제시하는 고득점 답변 필수 전략을 학습할 수 있도록 구성했습니다.

≫ TOEFL Writing에서 자주 사용하는 핵심 표현 정리!

각 문제 유형별로 답변에서 자주 사용하는 핵심 표현들을 예문과 함께 정리해, 시험장에 가기 전 핵심 표현만 다시 한 번 손쉽게 확인할 수 있도록 준비했습니다.

≫ 7회분의 Actual Test로 실전 완벽 대비!

실제 시험과 동일하게 구성된 7회분의 Actual Test를 수록해 실전에 철저하게 대비할 수 있도록 구성했습니다.

≫ 온라인 모의고사 체험 인증번호 제공!

PC에서 실제 시험과 유사한 형태로 모의 테스트를 볼 수 있는 시험 구현 시스템을 제공합니다. 본 교재에 수록되어 있는 Actual Test 2회분(Test 01, 02)과 동일한 내용을 실제 iBT TOEFL® 시험을 보듯 온라인 상에서 풀어보실 수 있습니다.

▶ 온라인 모의고사 체험 인증번호는 앞표지 안쪽에서 확인하세요.

≫ 그룹 스터디와 독학에 유용한 단어 시험지 생성기 제공!

자동 단어 시험지 생성기를 통해 교재를 학습하면서 외운 단어 실력을 테스트해 볼 수 있습니다.

▶ 사용 방법: 파고다북스 홈페이지(www.pagodabook.com)에 로그인한 후 상단 메뉴의 [모의테스트] 클릭 > 모의테스트 메뉴에서 [단어 시험] 클릭 > TOEFL - PAGODA TOEFL 90+ Writing Actual Test를 고른 후 원하는 문제 수를 입력하고 문제 유형 선택 > '단어 시험지 생성'을 누르고 별도의 브라우저 창으로 뜬 단어 시험지를 PDF로 내려 받거나 인쇄

≫ 무료 MP3 다운로드 및 바로듣기 제공

파고다북스 홈페이지(www.pagodabook.com)에서 교재 MP3 다운로드 및 스트리밍 방식의 바로듣기를 제공해드리고 있습니다.

↓MP3 자료 바로가기

▶ 이용 방법: 파고다북스 홈페이지(www. pagodabook.com)에서 해당 도서 검색 > 도서 상세 페이지의 '도서 자료실' 코너에 등록된 MP3 자료 다운로드 (로그인 필요) 또는 바로듣기

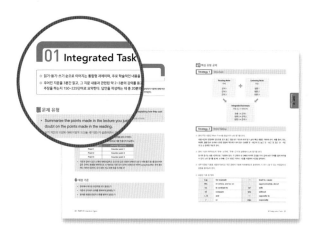

PART 01. Question Types

iBT TOEFL® 전문 연구원이 제안하는 문제 유형별 고득점 전략을 학습하고, 각 문제 유형별로 답변에서 자주 사용하는 핵심 표현들을 예문과 함께 익힐 수 있습니다.

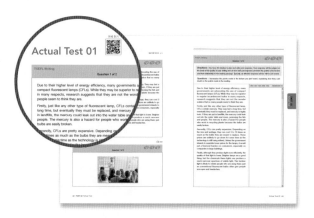

PART 02. Actual Tests

실제 시험과 동일하게 구성된 7회분의 Actual Test를 통해 실전에 대비합니다. 본 교재의 Actual Test 2회분(Test 01, 02)은 온라인 모의고사로도 함께 제공되어 iBT TOEFL®과 유사한 환경에서 실제처럼 연습해 볼 수 있습니다.

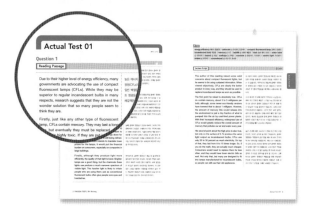

예시 답변 및 해석

읽기/듣기 지문 및 해석, 질문에 대한 예시 답변, 주요 어휘 정리를 수록했습니다.

4주 완성 학습 플랜

DAY 1	DAY 2	DAY 3	DAY 4	DAY 5
PART 01				
01 Integrated Task	**01 Integrated Task**	**01 Independent Task**	**01 Independent Task**	**01 Independent Task**
• 문제 유형 및 전략 • Sample Question 1	• Sample Question 다시 보기 • 자주 사용하는 핵심 표현 암기	• 문제 유형 및 전략 • Sample Question 1	• Sample Question 2 • Sample Question 3	• Sample Questions 다시 보기 • 자주 사용하는 핵심 표현 암기

DAY 6	DAY 7	DAY 8	DAY 9	DAY 10
PART 02				
Actual Test 01	**Actual Test 01 Review**	**Actual Test 02**	**Actual Test 02 Review**	**Actual Test 03**
• 문제 풀이	• 문제 & 답변 다시 보기 • 표현 및 단어 암기	• 문제 풀이	• 문제 & 답변 다시 보기 • 표현 및 단어 암기	• 문제 풀이

DAY 11	DAY 12	DAY 13	DAY 14	DAY 15
PART 02				
Actual Test 03 Review	**Actual Test 04**	**Actual Test 04 Review**	**Actual Test 05**	**Actual Test 05 Review**
• 문제 & 답변 다시 보기 • 표현 및 단어 암기	• 문제 풀이	• 문제 & 답변 다시 보기 • 표현 및 단어 암기	• 문제 풀이	• 문제 & 답변 다시 보기 • 표현 및 단어 암기

DAY 16	DAY 17	DAY 18	DAY 19	DAY 20
PART 02				
Actual Test 06	**Actual Test 06 Review**	**Actual Test 07**	**Actual Test 07 Review**	**PART 02 Review**
• 문제 풀이	• 문제 & 답변 다시 보기 • 표현 및 단어 암기	• 문제 풀이	• 문제 & 답변 다시 보기 • 표현 및 단어 암기	• 문제 & 답변 다시 보기 • 학습한 표현 및 단어 총정리

iBT TOEFL® 개요

1. iBT TOEFL® 이란?

TOEFL은 영어 사용 국가로 유학을 가고자 하는 외국인들의 영어 능력을 평가하기 위해 개발된 시험이다. TOEFL 시험 출제 기관인 ETS는 이러한 TOEFL 본연의 목적에 맞게 문제의 변별력을 더욱 높이고자 PBT(Paper-Based Test), CBT(Computer-Based Test)에 이어 차세대 시험인 인터넷 기반의 iBT(Internet-Based Test)를 2005년 9월부터 시행하고 있다. ETS에서 연간 30~40회 정도로 지정한 날짜에 등록함으로써 치르게 되는 이 시험은 Reading, Listening, Speaking, Writing 총 4개 영역으로 구성되며 총 시험 시간은 약 3시간이다. 각 영역별 점수는 30점으로 총점 120점을 만점으로 하며 성적은 시험 시행 약 10일 후에 온라인에서 확인할 수 있다.

2. iBT TOEFL®의 특징

1) 영어 사용 국가로 유학 시 필요한 언어 능력을 평가한다.

각 시험 영역은 실제 학업이나 캠퍼스 생활에 반드시 필요한 언어 능력을 측정한다. 평가되는 언어 능력에는 자신의 의견 및 선호도 전달하기, 강의 요약하기, 에세이 작성하기, 학술적인 주제의 글을 읽고 내용 이해하기 등이 포함되며, 각 영역에 걸쳐 고르게 평가된다.

2) Reading, Listening, Speaking, Writing 전 영역의 통합적인 영어 능력(Integrated Skill)을 평가한다.

시험이 4개 영역으로 분류되어 있기는 하지만 Speaking과 Writing 영역에서는 [Listening + Speaking], [Reading + Listening + Speaking], [Reading + Listening + Writing]과 같은 형태로 학습자가 둘 또는 세 개의 언어 영역을 통합해서 사용할 수 있는지를 평가한다.

3) Reading 지문 및 Listening 스크립트가 길다.

Reading 지문은 700단어 내외로 A4용지 약 1.5장 분량이며, Listening은 3~4분 가량의 대화와 6~8분 가량의 강의로 구성된다.

4) 전 영역에서 노트 필기(Note-taking)를 할 수 있다.

긴 지문을 읽거나 강의를 들으면서 핵심 사항을 간략하게 적어두었다가 문제를 풀 때 참고할 수 있다. 노트 필기한 종이는 시험 후 수거 및 폐기된다.

5) 선형적(Linear) 방식으로 평가된다.

응시자가 시험을 보는 과정에서 실력에 따라 문제의 난이도가 조정되어 출제되는 CAT(Computer Adaptive Test)방식이 아니라, 정해진 문제가 모든 응시자에게 동일하게 제시되는 선형적인 방식으로 평가된다.

6) 시험 응시일이 제한된다.

시험은 주로 토요일과 일요일에만 시행되며, 시험에 재응시할 경우, 시험 응시일 3일 후부터 재응시 가능하다.

7) Performance Feedback이 주어진다.

온라인 및 우편으로 발송된 성적표에는 수치화된 점수뿐 아니라 각 영역별로 수험자의 과제 수행 정도를 나타내는 표도
제공된다.

3. iBT TOEFL®의 구성

시험 영역	Reading, Listening, Speaking, Writing
시험 시간	약 3시간
시험 횟수	연 30~40회(날짜는 ETS에서 지정)
총 점	0~120점
영역별 점수	각 영역별 30점
성적 확인	응시일로부터 10일 후 온라인에서 성적 확인 가능

시험 영역	문제 구성	시간
Reading	● 독해 지문 3~4개, 총 30~40 문제가 출제된다. ● 각 지문 길이 700단어 내외, 지문당 10개 문제 ● 지문 3개가 출제될 경우 54분, 4개가 출제될 경우 72분이 주어진다.	54분~72분
Listening	● 대화(Conversation) 2~3개(각 5문제씩)와 강의(Lecture) 3~4개(각 6문제씩)가 출제된다. ● 듣기 5개가 출제될 경우 41분, 7개가 출제될 경우 57분이 주어진다.	41분~57분
Break		10분
Speaking	● 독립형 과제(Independent Task) 1개, 통합형 과제(Integrated Task) 3개 총 4개 문제가 출제된다.	17분
Writing	● 통합형 과제(Integrated Task) 1개(20분), 독립형 과제(Independent Task) 1개(30분) 총 2개 문제가 출제된다.	50분

4. iBT TOEFL®의 점수

1) 영역별 점수

Reading	0~30	Listening	0~30
Speaking	0~30	Writing	0~30

2) iBT, CBT, PBT 간 점수 비교

iBT	CBT	PBT	iBT	CBT	PBT
120	300	677	81~82	217	553
120	297	673	79~80	213	550
119	293	670	77~78	210	547
118	290	667	76	207	540~543
117	287	660~663	74~75	203	537
116	283	657	72~73	200	533
114~115	280	650~653	71	197	527~530
113	277	647	69~70	193	523
111~112	273	640~643	68	190	520
110	270	637	66~67	187	517
109	267	630~033	65	183	513
106~108	263	623~627	64	180	507~510
105	260	617~620	62~63	177	503
103~104	257	613	61	173	500
101~102	253	607~610	59~60	170	497
100	250	600~603	58	167	493
98~99	247	597	57	163	487~490
96~97	243	590~593	56	160	483
94~95	240	587	54~55	157	480
92~93	237	580~583	53	153	477
90~91	233	577	52	150	470~473
88~89	230	570~573	51	147	467
86~87	227	567	49~50	143	463
84~85	223	563	-	-	-
83	220	557~560	0	0	310

5. 시험 등록 및 응시 절차

1) 시험 등록

온라인과 전화로 시험 응시일과 각 지역의 시험장을 확인하여 신청할 수 있으며, 일반 접수는 시험 희망 응시일 7일 전까지 가능하다.

❶ 온라인 등록

ETS 토플 등록 사이트(https://www.ets.org/mytoefl)에 들어가 화면 지시에 따라 등록한다. 비용은 신용카드로 지불하게 되므로 American Express, Master Card, VISA 등 국제적으로 통용되는 신용카드를 미리 준비해둔다. 시험을 등록하기 위해서는 회원 가입이 선행되어야 한다.

❷ 전화 등록

한국 프로메트릭 콜센터(00-7981-4203-0248)에 09:00~17:00 사이에 전화를 걸어 등록한다.

2) 추가 등록

시험 희망 응시일 4일(공휴일을 제외한 업무일 기준) 전까지 US $40의 추가 비용으로 등록 가능하다.

3) 등록 비용

2021년 현재 US $210(가격 변동이 있을 수 있음)

4) 시험 취소와 변경

ETS 토플 등록 사이트나 한국 프로메트릭(00-7981-4203-0248)으로 전화해서 시험을 취소하거나 응시 날짜를 변경할 수 있다. 등록 취소와 날짜 변경은 시험 날짜 4일 전까지 해야 한다. 날짜를 변경하려면 등록 번호와 등록 시 사용했던 성명이 필요하며 비용은 US $60이다.

5) 시험 당일 소지품

❶ 사진이 포함된 신분증(주민등록증, 운전면허증, 여권 중 하나)

❷ 시험 등록 번호(Registration Number)

6) 시험 절차

❶ 사무실에서 신분증과 등록 번호를 통해 등록을 확인한다.

❷ 기밀 서약서(Confidentiality Statement)를 작성한 후 서명한다.

❸ 소지품 검사, 사진 촬영, 음성 녹음 및 최종 신분 확인을 하고 연필과 연습장(Scratch Paper)을 제공받는다.

❹ 감독관의 지시에 따라 시험실에 입실하여 지정된 개인 부스로 이동하여 시험을 시작한다.

❺ Reading과 Listening 영역이 끝난 후 10분간의 휴식이 주어진다.

❻ 시험 진행에 문제가 있을 경우 손을 들어 감독관의 지시에 따르도록 한다.

❼ Writing 영역 답안 작성까지 모두 마치면 화면 종료 메시지를 확인한 후에 신분증을 챙겨 퇴실한다.

7) 성적 확인

응시일로부터 약 10일 후부터 온라인으로 점수 확인이 가능하며 약 13일 후 우편 통지서도 발송된다.

6. 실제 시험 화면 구성

전체 Direction

시험 전체에 대한 구성 설명

TOEFL | CONTINUE

General Test Information

This test measures your ability to use English in an academic context. There are 4 sections.

In the **Reading** section, you will answer questions about 3-4 reading passages.

In the **Listening** section, you will answer questions about 2-3 conversations and 3-5 lectures.

In the **Speaking** section, you will answer 4 questions. One of the questions ask you to speak about familiar topics. Other questions ask you to speak about lectures, conversations, and reading passages.

In the **Writing** section, you will answer 2 questions. The first question asks you to write about relationship between a lecture you will hear and a passage you will read. The second question asks you to write an essay about a topic of general interest based on your experience.

There will be directions for each section which explain how to answer the questions in that section.

Click on **Continue** to go on.

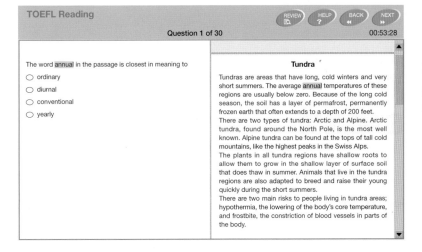

Reading 영역 화면

지문은 오른쪽에, 문제는 왼쪽에 제시

Listening 영역 화면

수험자가 대화나 강의를 듣는 동안 사진이 제시됨

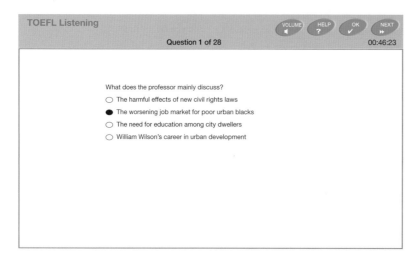

Listening 영역 화면

듣기가 끝난 후 문제 화면이 등장

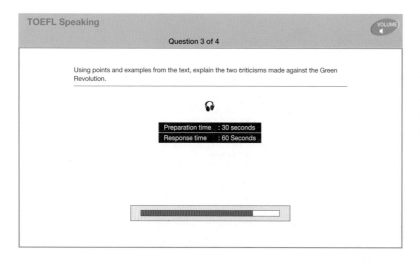

Speaking 영역 화면

문제가 주어진 후, 답변을 준비하는 시간과 말하는 시간을 알려줌

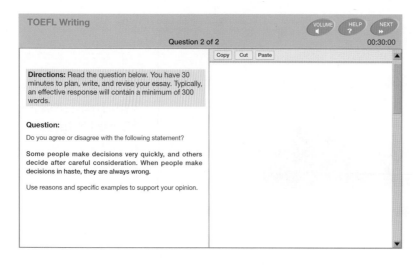

Writing 영역 화면

왼쪽에 문제가 주어지고 오른쪽에 답을 직접 타이핑할 수 있는 공간이 주어짐

복사(Copy), 자르기(Cut), 붙여넣기(Paste) 버튼이 위쪽에 위치함

iBT TOEFL® Writing 개요

1. Writing 영역의 특징

Writing 영역의 특징으로 먼저 2개의 문제가 출제된다는 점을 들 수 있고, 단순히 주어진 주제에 대해 글을 쓰는 아주 기본적인 글쓰기에서 끝나는 것이 아니라, 실제 학업 상황에서 빈번하게 경험하게 되는 읽기, 듣기, 그리고 쓰기가 접목된 통합형 과제(Integrated Task)가 등장한다는 점을 그 특징으로 들 수 있다.

1) Writing 영역은 2개의 문제로 구성된다.

첫 번째인 통합형(Integrated Task)은 주어진 지문(Reading Passage)을 3분간 읽고, 약 2~3분 가량의 강의자(Lecture; Speaker)의 강의(Lecture)를 듣고 난 후, 강의자가 지문에 대해 어떤 주장을 하는지 150~225자의 단어(Words)로 20분 동안 요약(Summary)하여 글쓰기를 하는 문제다.

두 번째 독립형(Independent Task)은 주어진 문제에 대한 자신의 의견을 30분 동안 300자 이상의 단어로 서론-본론-결론의 형식을 갖춘 짧은 에세이로 표현하는 문제다.

2) 노트 필기(Note-taking)가 가능하다.

읽고, 듣고, 쓰는 문제에서 노트 필기는 매우 핵심적인 기술이다. 따라서 미리 노트 필기의 기술을 배우고 반복 연습해두어야 한다.

3) Typing만 가능하다.

수험자가 답안을 작성할 때 컴퓨터를 통한 Typing만 가능하도록 제한되어 있다. (Handwriting 불가) 미리 충분한 속도의 영타가 가능하도록 연습해야 한다. 단, Brainstorming이나 Outline은 종이에 작성할 수 있다.

4) 각 문제에 대한 평가 기준이 다르다.

Writing 영역의 핵심적인 특징 중 하나는 두 문제가 각각 다른 평가 기준(Scoring Rubric)을 가지고 있다는 점인데 고득점을 위해서는 이 평가 기준을 반드시 유념해서 답안을 작성해야 한다. 간단히 말해서 통합형 과제의 평가 기준은 내용적인 측면에서 더 많은 강조를 두지만, 독립형 과제의 경우 내용적인 측면과 함께 Essay라는 형식적인 측면에도 신경을 써야 한다는 것이다.

2. Writing 영역의 문제 유형

ETS가 제시하고 있는 Writing 영역의 문제 유형은 구체적으로 다음과 같다.

1) 통합형 과제(Integrated Task)

읽기와 듣기를 기반으로 요약의 글을 완성하는 유형의 문제로서 작문 능력뿐 아니라 독해력과 청취력도 요구된다.

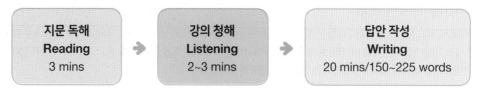

2) 독립형 과제(Independent Task)

주어진 문제에 대해 자신의 의견이나 생각을 서론-본론-결론의 논리적인 형식을 갖춰 답(Answer), 이유(Reasons), 그리고 이유에 대한 구체적인 근거(Details)를 들어 충분히 설명하여 답안을 작성하는 문제 유형이다. 따라서 문장을 완성하는 능력뿐 아니라 Academic Essay의 구조를 익혀 그 틀에 맞게 글을 구성하는 능력이 요구된다.

PAGODA TOEFL 90+

WRITING

Actual Test

PART 01
Question Types

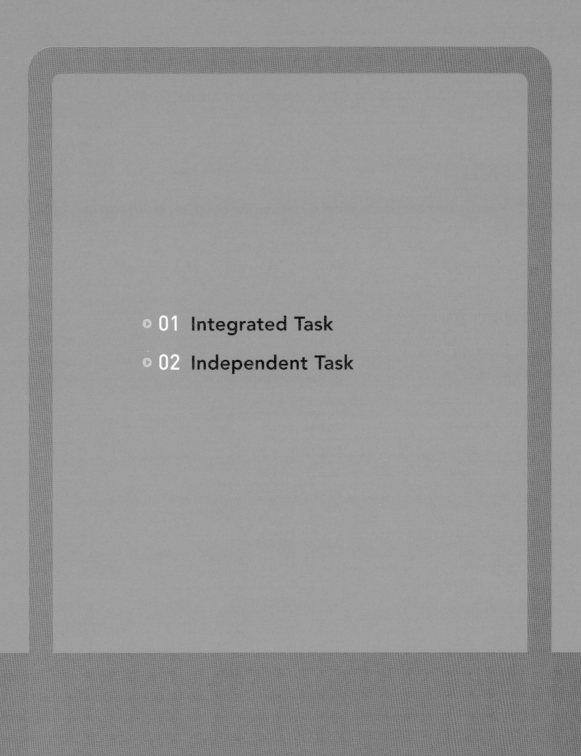

01 Integrated Task

⊘ 읽기-듣기-쓰기 순으로 이어지는 통합형 과제이며, 주로 학술적인 내용을 다룬다.

⊘ 주어진 지문을 3분간 읽고, 그 지문 내용과 관련된 약 2~3분의 강의를 듣고 난 후 강의자가 지문에 대해 어떤 주장을 하는지 150~225단어로 요약한다. 답안을 작성하는 데 총 20분의 시간이 주어진다.

📖 문제 유형

• Summarize the points made in the lecture you just heard, explaining how they cast doubt on the points made in the reading.

읽기 지문의 요점에 대해 어떻게 의문을 제기했는지 설명하면서 강의에서 제시한 요점을 요약하시오.

💡 문제 풀이 전략

• 지문(reading) + 강의(listening) ⋯→ 3가지 포인트를 잡아 요약한다.

• 지문과 강의에서 상반되는 주장이 제시되므로 이를 연결시켜 비교한다.

Reading Passage	Listening (Lecture)
Point 1	Counter point 1
Point 2	Counter point 2
Point 3	Counter point 3

• 지문과 강의가 같은 소재에 대해 언급하고 있으므로 같은 표현이 반복되기 쉽다. 이때 좋은 점수를 얻으려면 같은 단어나 표현을 반복적으로 쓰기보다는 다른 유사 단어나 표현으로 바꾸어 paraphrase하는 것이 중요하다. 따라서 동의어, 유사 표현, 비교 표현 등을 숙지할 것!

🌐 채점 기준

• 강의에서 제시된 포인트를 모두 들었는가

• 지문과 강의와의 관계를 명확하게 설명했는가

• 철자를 포함한 문법적 오류를 범하지 않았는가

핵심 유형 공략

Strategy 1 | Structure

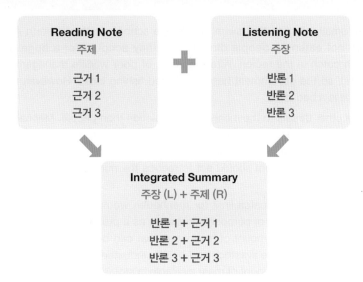

Reading Note
주제

근거 1
근거 2
근거 3

＋

Listening Note
주장

반론 1
반론 2
반론 3

Integrated Summary
주장 (L) + 주제 (R)

반론 1 + 근거 1
반론 2 + 근거 2
반론 3 + 근거 3

Strategy 2 | Note-Taking

◎ 글의 주요 내용인 Main Point를 중심으로 노트 필기를 한다.

시험 시간이 한정되어 있으므로 읽고 들은 것을 모두 적으려 하지 말고 글의 핵심 내용만 적어야 한다. 예를 들어, 연도, 퍼센트, 물량 등이 숫자로 나오면 일일이 적으려고 하지 말고 오래된 것→최근의 것, 높은 것→낮은 것, 많은 것→적은 것 등 큰 윤곽만 적도록 한다.

◎ 글의 구성이 파악되도록 '주제-소주제', '주제-근거'로 분류해서 노트 필기를 한다.

읽기와 듣기는 보통 4단락으로 구성되어 있다. 각 단락의 첫 번째와 마지막 문장을 주의 깊게 보면 주제를 쉽게 파악할 수 있다. 노트 필기를 할 때, 소주제나 근거 부분은 약자나 기호를 사용하여 시간을 절약한다.

◎ 너무 다양한 기호를 사용하기보다는 적은 종류의 기호에 익숙해지도록 훈련하여 스스로 느낄 수 있는 부담감이나 혼동을 줄이도록 한다.

◎ 유용한 기호 및 약자

e.g.	for example	→	lead to, cause
etc.	et cetera, and so on	~	approximately, about
vs.	in contrast to	w/	with
cf.	compare	w/o	without
+, &	and	↔	opposite to
/	or	esp.	especially

Sample Question

Menhaden are small, oily fish that swim in massive schools in the Western Atlantic Ocean. These fish are not eaten by people directly, but they account for a huge portion of the commercial fish catch in the region. After decades of poor wildlife management, these fish are disappearing, so the government has established fishing limits. However, there are many reasons why that is a bad idea.

Firstly, there are other threats to the menhaden population than people. Menhaden have many natural predators, including striped bass, which are popular sport fish, so they have been allowed to breed unchecked. Striped bass consume huge numbers of menhaden, so they are a serious threat. The government should act to reduce the number of striped bass instead of limiting menhaden fishing.

Secondly, reducing the yearly catch limit for menhaden would affect many other industries. Their meat is used for a variety of purposes, including as a protein source in feed for livestock and poultry. If we reduce the amount of menhaden that can be caught each year, that would have an immediate effect on the livestock and poultry industries. That would affect the human food market by reducing the amount of meat available in stores and driving up prices.

Thirdly, limiting fishing of menhaden would put thousands of people out of work. About 75 percent of the menhaden catch comes from the Chesapeake Bay region, which means that most of the people involved are from the state of Virginia. The fishermen that catch the fish and the factory workers that process the fish would lose their jobs, and that would devastate the local economy.

Reading Note

TOEFL **Writing**

VOLUME ◀   HELP ?   NEXT ▶▶

Question 1 of 2

📋 Listening Note

Directions : You have 20 minutes to plan and write your response. Your response will be judged on the basis of the quality of your writing and on how well your response presents the points in the lecture and their relationship to the reading passage. Typically, an effective response will be 150 to 225 words.

Questions : Summarize the points made in the lecture you just heard, explaining how they cast doubt on the points made in the reading.

Menhaden are small, oily fish that swim in massive schools in the Western Atlantic Ocean. These fish are not eaten by people directly, but they account for a huge portion of the commercial fish catch in the region. After decades of poor wildlife management, these fish are disappearing, so the government has established fishing limits. However, there are many reasons why that is a bad idea.

Firstly, there are other threats to the menhaden population than people. Menhaden have many natural predators, including striped bass, which are popular sport fish, so they have been allowed to breed unchecked. Striped bass consume huge numbers of menhaden, so they are a serious threat. The government should act to reduce the number of striped bass instead of limiting menhaden fishing.

Secondly, reducing the yearly catch limit for menhaden would affect many other industries. Their meat is used for a variety of purposes, including as a protein source in feed for livestock and poultry. If we reduce the amount of menhaden that can be caught each year, that would have an immediate effect on the livestock and poultry industries. That would affect the human food market by reducing the amount of meat available in stores and driving up prices.

Thirdly, limiting fishing of menhaden would put thousands of people out of work. About 75 percent of the menhaden catch comes from the Chesapeake Bay region, which means that most of the people involved are from the state of Virginia. The fishermen that catch the fish and the factory workers that process the fish would lose their jobs, and that would devastate the local economy.

문제 해설 및 스크립트

Reading Passage

청어는 서대서양에서 거대한 무리를 지어 움직이는 작고 기름기가 많은 물고기이다. 이 물고기를 사람들이 직접 먹지는 않지만, 그 지역 상업적 어획량의 큰 부분을 차지한다. 수십 년간 야생 생물에 대한 형편없는 관리가 행해진 후 이 물고기는 사라지고 있어서 정부는 어획에 제한을 두었다. 하지만 이것이 좋지 않은 생각이라는 것에는 여러 가지 이유가 있다.

첫째로, 인간보다 청어의 개체수에 위협을 주는 것들이 있다. 청어에게는 스포츠 낚시감으로 인기 있어서 억제하지 않고 사육할 수 있도록 허용되어 온 줄무늬 농어를 비롯한 많은 천적이 있다. 줄무늬 농어는 엄청난 수의 청어를 잡아먹어서 심각한 위협이 되고 있다. 정부는 청어의 어획을 제한하는 대신 줄무늬 농어의 수를 줄이기 위해 조치를 취해야 한다.

둘째로, 청어에 대한 연간 어획량을 줄이는 것은 다른 많은 산업에 영향을 줄 수 있다. 청어의 고기는 가축과 가금류를 위한 먹이에 단백질 공급원이 되는 것을 포함하여 다양한 용도로 사용된다. 만약 매년 잡을 수 있는 청어의 양을 줄인다면 즉시 축산업과 양계업에 영향을 주게 될 것이다. 이는 상점에 나오는 고기의 양이 줄어들고, 가격이 올라감으로써 우리의 식량 시장에 영향을 줄 것이다.

셋째로, 청어 어획 제한은 수많은 사람의 일자리를 잃게 할 것이다. 청어 어획의 약 75%는 체서피크만에서 나오는데, 이는 이와 연관된 대부분의 사람이 버지니아주 출신이라는 뜻이다. 청어를 잡는 어부들과 그 물고기들을 가공하는 공장 노동자들은 직업을 잃게 될 것이며, 이는 지역 경제를 파괴할 것이다.

Lecture Script

Lecturer: The population of menhaden in the Atlantic Ocean has dropped to 10 percent of what it was only decades ago, so government regulation is clearly required. In the reading, the author provides arguments against limiting the fishing of menhaden, but his reasons can easily be disproven.

First, the author points out that striped bass are a natural predator of menhaden and that they eat many of the fish. He suggests reducing the number of bass to protect the menhaden, but that would be an ineffective solution. Bass eat many other fish species, so removing them would disrupt the ecosystem just as much as overfishing menhaden. Therefore, it would be much safer for the environment to reduce menhaden fishing.

Second, the author explains that menhaden are used in many industries, especially as animal feed. While this is true, there are many other sources of protein that could be used in livestock and poultry feed instead of menhaden. One such alternative is soybeans, a crop that already has massive surpluses. Soybeans are a much more renewable resource than any kind of fish. Since they are grown on farms, they are not a part of the natural food chain and thus have little effect on the environment.

강의자: 대서양 청어의 개체수는 몇십 년 전의 10%까지 떨어졌으며, 따라서 정부 규제가 명백히 요구됩니다. 읽기 지문에서 저자는 청어의 어획을 제한하는 것에 반대하는 주장을 제시했지만, 그의 근거는 쉽게 반증될 수 있습니다.

첫째, 저자는 줄무늬 농어가 청어의 천적이며 많은 물고기를 잡아먹는다고 지적합니다. 그는 청어를 보호하기 위해 농어의 수를 줄이는 것을 제안했지만, 그것은 효과가 없는 해결책입니다. 농어는 많은 다른 종의 물고기들을 먹기 때문에 이들을 제거하는 것은 청어 남획만큼이나 생태계에 지장을 줄 것입니다. 그러므로 청어의 어획을 줄이는 것이 환경적으로 훨씬 더 안전합니다.

둘째, 저자는 청어가 많은 산업, 특히 가축 먹이로 사용된다고 설명합니다. 이것은 사실이지만 청어 대신 가축과 가금류의 먹이로 사용될 수 있는 다른 단백질 공급원이 많이 있습니다. 그러한 대안 중 하나가 콩인데 이것은 이미 엄청난 과잉 상태에 있는 작물입니다. 콩은 어떤 종류의 물고기보다 훨씬 더 재생 가능성이 큰 자원입니다. 콩은 농장에서 재배되기 때문에 자연적인 먹이 사슬의 일부가 아니므로 환경에 거의 영향을 주지 않습니다.

Third, the author states that establishing fishing limits would eliminate thousands of jobs and hurt the economy. Imposing limits would indeed affect the economy, but the effects would be temporary. The fish will reproduce and their numbers will increase. Once the fish population recovered, the fishery could be reopened with reasonable, sustainable catch limits. However, if fishermen are allowed to continue fishing without limits, they could drive the fish into extinction, and then they will have nothing to catch.

셋째, 저자는 어획량에 제한을 두는 것은 수많은 직업을 없앨 수 있고 경제를 해칠 것이라고 주장합니다. 제한을 두는 것은 실제로 경제에 영향을 줄 수 있지만, 그 영향은 한시적입니다. 물고기들은 번식할 것이고 숫자가 늘어날 것입니다. 일단 물고기 개체수가 회복되고 나면 어장은 합리적이고 지속 가능한 어획량 제한을 두고 다시 개장할 수 있을 것입니다. 하지만 만약 어부들이 제한 없이 계속해서 물고기를 잡는다면 물고기를 멸종으로 이끌게 될 것이며, 그렇게 된다면 더 잡을 것이 없어질 것입니다.

Reading Note

주제	Menhaden fish → gov't fishing limit = bad idea
근거 1	other threats = striped bass, reduce the number of them
근거 2	menhaden number down = affect other industries
근거 3	limit fishing = people will be out of work

Listening Note

주장	Menhaden fish → gov't fishing limit = bad idea → No!
반론 1	striped bass also eat many other fish species → reducing their number will disrupt ecosystem
반론 2	other alternatives can be used in place of menhaden
반론 3	the effects would be only temporary, fishery could be reopened later

Paraphrasing Practice

1	The government has established fishing limits, but there are many reasons why that is a bad idea.
	The government's policy of limiting fishing of menhaden is a bad idea, and there are several reasons that support this.

2	Bass eat many other fish species, so removing them would disrupt the ecosystem just as much as overfishing menhaden.
	Reducing the number of bass would disrupt the ecosystem, since bass are natural predators of many fish other than menhaden.

3

Since soybeans are grown on farms, they are not a part of the natural food chain and thus have little effect on the environment.

As soybeans are grown on farms, they have little effect on the food chain, and thus are safer for the environment.

4

Limiting fishing of menhaden would put thousands of people out of work.

Fishing limits will take jobs away from thousands of people.

Sample Summary

The reading and the lecture both talk about the government establishing fishing limits to protect menhaden and prevent them from disappearing. The reading says that limiting fishing of menhaden is a bad idea. However, the lecturer argues that the reasons suggested in the reading can easily be disproven.

Firstly, the reading says that striped bass pose a bigger threat to menhaden than fishing does, so reducing their population would be a better solution. However, the lecturer argues that this would be ineffective. Reducing the number of bass would disrupt the ecosystem, since bass are natural predators of many fish other than menhaden.

Secondly, the reading suggests that limiting fishing of menhaden will lead to a decrease in the amount of animal feed produced. The lecturer agrees that menhaden are widely used as a protein source for livestock and poultry, but also explains there are other alternatives such as soybeans. As soybeans are grown on farms, they have little effect on the food chain, and thus are safer for the environment.

Thirdly, the reading states that fishing limits will take jobs away from thousands of people involved in the fishing industry. However, the lecturer says the effects would not last long. As the fish reproduce, their population will recover. He also points out that limiting fishing would actually protect menhaden from extinction in the long run.

지문과 강의 모두 청어를 보호하고 청어가 사라지는 것을 막기 위해 정부가 어획을 제한하는 것에 대해 이야기하고 있다. 지문에서는 청어의 어획을 제한하는 것이 좋지 않은 생각이라고 말한다. 하지만 강의자는 지문에서 제시된 근거가 틀렸다는 것을 쉽게 입증할 수 있다고 주장한다.

첫째, 지문에서는 물고기를 잡는 것보다 줄무늬 농어가 청어에게 더 큰 위협을 가한다며 이들의 개체수를 줄이는 것이 더 나은 해결책일 것이라고 말한다. 하지만 강의자는 이것이 효과가 없을 것이라고 주장한다. 농어는 청어뿐만 아니라 많은 다른 물고기들의 천적이기도 하므로 농어의 수를 줄이는 것은 생태계에 지장을 줄 것이다.

둘째, 지문에서는 청어의 어획 제한이 생산되는 동물성 사료의 양을 줄어들게 할 것이라고 주장한다. 강의자는 청어가 가축과 가금류를 위한 단백질 공급원으로 널리 쓰인다는 것에 동의하면서도 콩과 같은 다른 대안이 있다고 설명한다. 콩은 농장에서 재배되기 때문에 먹이 사슬에 영향을 거의 주지 않고, 따라서 환경에 더욱 안전하다.

셋째, 지문에서는 어획 제한 때문에 어업에 관련된 수많은 사람이 직업을 잃게 될 것이라고 주장한다. 하지만 강의자는 그 영향이 오래 지속되지 않을 것이라고 말한다. 물고기가 번식함에 따라 개체수는 다시 회복될 것이다. 또한 강의자는 어획을 제한하는 것이 장기적으로 봤을 때 오히려 청어를 멸종으로부터 보호할 수 있다고 지적한다.

TOEFL Writing에서 자주 사용하는 핵심 표현들

1. 서론 문단에서 자주 사용하는 표현

◎ 지문과 강의가 의견-반박 관계일 때

In the lecture, the speaker	casts doubts on casts skepticism on expresses doubts on	~, which was explained in the reading.

강의에서 강의자는 지문에서 설명된 ~에 관해 의문을 제기하고 있다.

In the lecture, the speaker	contradicts the idea that opposes the idea that refutes the notion that challenges the idea that makes the case against	~, which was explained in the reading.

강의에서 강의자는 지문에서 설명된 ~에 대해 반박하고 있다.

EXAMPLE

- In the lecture, the speaker **casts doubts on** the point that some entertainers deserve to earn salaries in the millions, which was explained in the reading passage.

  강의에서 강의자는 읽기 지문에서 설명된 일부 연예인들이 엄청난 돈을 벌 자격이 있다는 것에 대해 의문을 제기한다.

- In the lecture, the speaker **contradicts the claim that** animal testing should not be allowed in any case, which was explained in the reading passage.

  강의에서 강의자는 읽기 지문에서 설명된 어떠한 경우에도 동물 실험이 허용되어서는 안 된다는 주장에 반박한다.

- In the lecture, the lecturer **opposes the idea that** there could be life on Mars, as mentioned in the reading passage.

  강의에서 강의자는 읽기 지문에 언급된 화성에 생물체가 있을 수 있다는 의견에 반대한다.

◎ 지문과 강의가 문제−해결책 관계일 때

| In the lecture, the speaker | offers solutions for the
proposes solutions for | ~, which was explained in the reading. |

강의에서 강의자는 지문에서 설명된 ~에 대해 해결책을 제시하고 있다.

| In the lecture, the speaker | suggests alternatives for | ~, which was explained in the reading. |

강의에서 강의자는 지문에서 설명된 ~에 대한 대안을 제시하고 있다.

EXAMPLE

- In the lecture, the speaker **proposes solutions for** the problems caused by children's addiction to television, which was covered in the reading passage.

  강의에서 강의자는 지문에서 다루어진 아이들의 TV 중독으로 인한 문제점에 대해 해결책을 제시하고 있다.

- In the lecture, the speaker **suggests alternatives for** the problems of heavy traffic during rush hour, which was explained in the reading passage.

  강의에서 강의자는 지문에서 설명된 출퇴근 시간 동안의 교통 체증 문제에 대해 대안을 제시하고 있다.

◉ 강의의 핵심 내용에 대해 말할 때

point out	지적하다, (어떤 점을) 짚어내다
indicate	나타내다, 시사하다
stress	강조하다
explain/state	설명하다, 말하다
maintain/contend/claim/argue/assert/insist	주장하다

EXAMPLE

- The lecturer **stresses** that running your own business can also have the same problems as working for a large company.

  강의자는 자신의 사업체를 운영하는 것 또한 대기업에서 일하는 것과 똑같은 문제점을 가질 수 있다고 강조한다.

- The speaker **states** that private money and companies can support the preservation of fossils.

  강의자는 개인의 돈과 회사가 화석의 보존을 지원할 수 있다고 말한다.

- The speaker **argues** that placebos actually triggered the brain's natural painkiller.

  강의자는 위약이 실제로 뇌의 자연 진통제를 유발했다고 주장한다.

2. 본론 문단에서 자주 사용하는 표현

● 단락을 시작할 때

First / First of all	첫 번째로
To begin with / At the beginning	우선, 먼저
Secondly	두 번째로
Thirdly	세 번째로
In addition / Besides / Moreover / What is more	게다가, 또한
In addition to	~뿐만 아니라
Furthermore	더욱이, 더 나아가
Next	다음으로

EXAMPLE

- **First of all**, the lecturer insists that birds cannot use geographic landmarks to guide their journeys.

  첫 번째로, 강의자는 새들이 그 행로를 인도하는 데 지리적인 표지물을 사용할 수 없다고 주장한다.

- **At the beginning**, the speaker indicates that controlled decision-making is not appropriate for some decisions.

  처음에 강의자는 통제된 의사 결정은 어떤 결정에서는 적절하지 않다고 지적한다.

- **Furthermore**, the lecturer expresses doubts on the fairness of aid allocation.

  더 나아가 강의자는 원조 배당의 공평성에 대해 의문을 제기한다.

- **Next**, the lecturer argues that insects are not necessarily harmful.

  다음으로 강의자는 벌레가 반드시 해로운 것만은 아니라고 주장한다.

◑ 지문 및 강의 내용을 언급할 때

According to the reading passage[lecture]   지문[강의]에 따르면
As mentioned in the reading[lecture]   지문[강의]에서 언급된 바와 같이
In the reading[lecture]   지문[강의]에서
The reading[speaker] states/says/indicates that ~   지문[강의자]는 ~라고 말한다

EXAMPLE

- **According to the lecture**, a video is an effective teaching tool.

  강의에 따르면, 비디오는 효과적인 교육 도구이다.

- **According to the reading passage**, many new doctors start their careers in the cities because they can make more money and pay their debts off more easily.

  읽기 지문에 따르면, 많은 젊은 의사들이 더 많은 돈을 벌고 빚을 더 쉽게 갚을 수 있기 때문에 도시에서 일을 시작한다.

- **The speaker indicates that** older employees often feel isolated and decide to quit as their colleagues are replaced by younger employees.

  강의자는 나이가 든 직장인들은 종종 고립되어 있다고 느끼고, 동료들이 더 젊은 인력들로 대체되면 그만두기로 결정한다고 지적한다.

◎ 앞에서 말한 것과 반대되는 내용을 언급할 때

However, the lecturer explains that ~	하지만 강의자는 ~라고 설명한다
On the other hand	반면에, 다른 한편으로는
On the contrary	그와는 반대로
Nevertheless	그럼에도 불구하고
In contrast to ~	~와는 대조적으로

EXAMPLE

- **However, the speaker states that** textbooks are much more reliable and cost-effective.

  하지만 강의자는 교과서가 훨씬 더 믿을 만하고 비용 면에서 효과가 크다고 말한다.

- **On the contrary**, the speaker indicates that removing dead trees takes away many nutrients from the surrounding soil.

  반대로 강의자는 죽은 나무를 제거하는 것은 주변의 토양으로부터 많은 영양분을 빼앗는다고 지적한다.

- **In contrast**, the lecturer argues that grading class participation will result in poorer quality of classes.

  반대로 강의자는 수업 참여도를 점수 매기는 것은 질적으로 더 낮은 수업을 초래할 것이라고 주장한다.

02 Independent Task

◎ 주어진 문제에 대한 자신의 의견을 30분 동안 300단어 이상의 서론-본론-결론의 형식을 갖춘 짧은 에세이로 표현하는 유형이다.

◎ 논리적인 형식을 갖추고 답, 이유, 그리고 그 이유에 대한 구체적인 근거를 들어 답안을 작성해야 한다. 문장을 완성하는 능력뿐 아니라 Academic essay의 구조를 익혀 그 틀에 맞게 글을 구성하는 능력이 요구된다.

📖 문제 유형

- **Do you agree or disagree** with the following statement?
  다음 진술에 동의하는가 아니면 동의하지 않는가?

- Some prefer to ~, others prefer to ~. **Which do you prefer?**
  어떤 사람들은 ~을 선호하고 다른 사람들은 ~을 선호한다. 당신은 무엇을 선호하는가?

- **Choose one** of the following ~.
  다음 ~중 하나를 선택하시오.

💡 문제 풀이 전략

- 질문을 읽고 그에 대한 자신의 생각이나 방향을 결정한다. 이때 자신의 아이디어가 더 풍부한 쪽을 선택하는 것이 유리하다.

- 독립형 에세이 구조에 맞게 Main point를 정하고 그에 대한 이유 두 가지와 구체적인 근거를 들어 아웃라인을 잡는다.

- 가장 중요한 것은 자신의 주장을 뒷받침하는 세부 사항과 예시를 잘 전개했는지의 여부이다. 주장을 논리적으로 잘 전개하기 위해서는 개인의 지식과 경험을 충분히 활용하여 답을 작성한다.

🌐 채점 기준

- 주제에 충실하게 답했는가
- 스스로의 주장과 논리를 전개하기 위해 적절한 예시와 근거를 제시했는가
- 다양한 단어와 표현, 문장을 정확하게 구사했는가

🚨 Structure

General	서론	도입 (Opening sentence) — 에세이의 주제 및 관련 이슈 ✛ 대주제문 (Thesis) — 저자의 견해나 선호
Specific	본론 1	소주제문 1 (Topic sentence 1) ✛ 구체적인 근거 (Supporting details) — 이유, 예시, 설명, 기사, 경험담 등
	본론 2	소주제문 2 (Topic sentence 2) ✛ 구체적인 근거 (Supporting details) — 이유, 예시, 설명, 기사, 경험담 등
General	결론	결론 (Concluding sentence) — 대주제문 재진술, 본론 요약 ✛ 맺음말 (Final comment) — 일반 논평 및 강조

- 보통 본론은 두 개를 제시하지만, 시간이 충분하고 근거를 더 대고 싶다면 세 번째 본론을 덧붙여도 좋다.

📖 핵심 유형 공략

Strategy 1 　찬성/반대형 (Agree/Disagree)

일반적으로 Do you agree or disagree ~로 시작하는 문제 유형이다. Topic에 대한 응시자의 동의 여부를 묻는 형태로 가장 대표적인 유형이다.

e.g. Do you agree or disagree with the following statement? People should buy domestic products even though the products are more expensive than foreign products. Use specific reasons and examples to support your answer.

1. 동의도 반대도 아닌 두루뭉술하고 모호한 자세는 취하지 말아야 한다.

2. 글을 맺으면 다시 한 번 자신이 동의하는지 반대하는지 강조해주는 것도 좋은 방법이다.

Strategy 2 　선호형 (Preference)

Topic에 주어진 두 가지 항목 중에 응시자가 선호하는 것을 골라 그 이유를 밝히는 문제 유형이다.

e.g. Some students prefer to study alone. Others prefer to study with a group of students. Which do you prefer? Use specific reasons and examples to support your answer.

1. 위와 마찬가지로, 자신이 선호하는 쪽을 확실히 골라 답변한다.

2. 자신이 고르지 않은 쪽의 단점을 열거하기보다는 고른 쪽의 장점에 집중하는 것이 더 좋다.

Strategy 3 　선택형

선호형과 매우 유사한 유형으로 Choose one ~으로 시작하는 문제 유형이다. 주어진 선택지 중에서 하나를 고르고 그 선택 이유를 밝히는 유형이다.

e.g. Choose one of the following modern inventions and explain why you think it has greatly changed people's lives.
Ⓐ the telephone Ⓑ the television Ⓒ motion pictures
Use specific reasons and examples to support your answer.

1. 여러 개의 선택지가 주어지지만 단 하나만 골라 답변하도록 한다.

2. 다른 선택지들과 비교해도 좋지만, 그 선택지들에 비해 내가 고른 선택지가 왜 더 좋은지, 즉 장점을 기술하는 것이 더 설득력 있다.

서론	도입	These days, most people think that ~, It is often said that ~
	대주제문	**찬성** I agree with[that] ~, That is why I agree with[that] ~, I share the opinion that ~ **반대** I cannot agree with[that] ~, I disagree with[that] ~, I am opposed to ~, I disapprove of ~ **의문** I question whether ~, I wonder what[how, why] ~ **주장** In my opinion, From my perspective, I believe[think] that ~, I am sure that ~ **근거** This is why I believe ~, That is due to ~, This is because ~
본론	소주제문	**순서** First / Second / Third, First of all / Secondly / Lastly, To begin with / Next / Furthermore, Firstly / On top of that / In addition
	구체적 근거	**예시** For example, For instance, Specifically **부연** In other words, To clarify what I mean, Furthermore, In addition, Also, Moreover **비교** Compare to[with], On the contrary
결론	마무리	**결과** Accordingly, Consequently, In conclusion **요약** To sum up, In summary, In brief, In short, In a nutshell
	맺음말	**일반** Generally speaking, In most cases, On the whole **강조** In particular, Above all, Most of all

Sample Question 1 찬성/반대형 (Agree/Disagree)

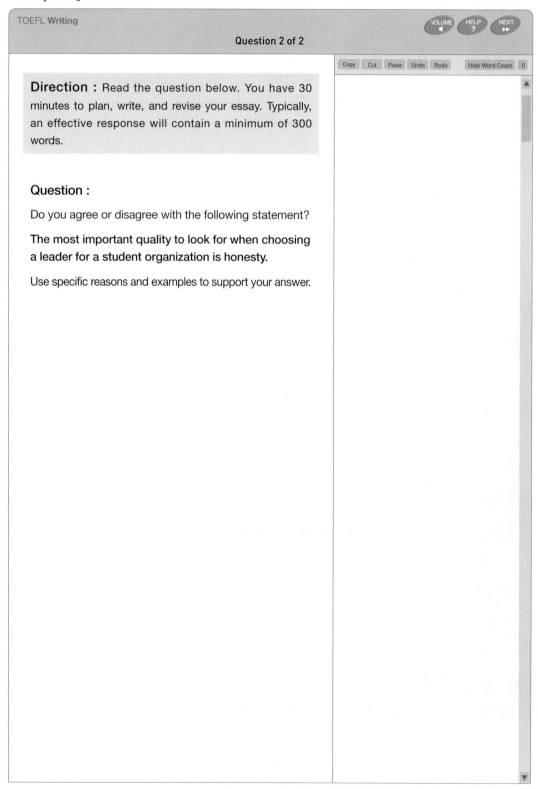

Copy   Cut   Paste   Undo   Redo   Hide Word Count   0

Direction : Read the question below. You have 30 minutes to plan, write, and revise your essay. Typically, an effective response will contain a minimum of 300 words.

Question :

Do you agree or disagree with the following statement?

The most important quality to look for when choosing a leader for a student organization is honesty.

Use specific reasons and examples to support your answer.

When selecting a student leader, some people might not regard honesty as the most important factor. However, I don't agree with them. In my opinion, honesty is the most essential characteristic of a leader for two reasons. An honest leader can inspire others to follow by demonstrating integrity and openness. Also, a leader who is dishonest can lead others to act the same way as they do.

Firstly, no individual can be a leader without followers, so it is essential for a leader to convince others that he or she is trustworthy. In order to have followers, one first should build trust among others. It goes without saying that trust comes from honesty. If leaders often break promises or go back on their word, nobody will want to count on them and thus will not be on their side. Moreover, honesty means saying and doing the right thing, and if you do so, you don't have to try hard to earn others' trust. Therefore, a leader can also avoid unnecessary effort and work in an efficient manner.

Secondly, dishonest leaders can cause others to act the same way as they do. Honesty refers to different aspects of moral character. The absence of lying or cheating is implied in honesty. The reason why those qualities are so important is that leaders serve as role models for members of the organizations to which they belong. People will lose faith in leaders who they think are not honest, but they may also give up on being honest themselves. If this happens, the dishonest deeds of a leader and members will damage the whole organization.

In conclusion, I agree with the statement that the most important quality to look for when choosing a leader for a student organization is honesty. My reasons are that a leader can't lead others without honesty because nobody wants to follow a dishonest leader and that a dishonest leader will cause others to behave in the same way, which is very destructive to the organization.

Introduction

Body 1 people will not follow a dishonest leader

Body 2 other people will act the same

Conclusion

Q 다음 진술에 동의하는가, 아니면 동의하지 않는가?

학생 단체의 지도자를 뽑을 때 고려해야 할 가장 중요한 자질은 정직함이다.

구체적인 이유와 예시를 이용하여 답을 뒷받침하시오.

학생 지도자를 뽑을 때 어떤 사람들은 정직함을 가장 중요한 요소로 고려하지 않는다. 하지만 나는 그들에게 동의하지 않는다. 내 생각에는, 두 가지 이유에서 정직함이 지도자에게 가장 필수적인 자질이다. 정직한 지도자는 진실성과 솔직함을 보여줌으로써 다른 사람들이 자신을 따르도록 만들 수 있다. 또한 정직하지 않은 지도자는 자신이 하는 것과 동일하게 사람들을 부정적인 행동을 하도록 이끌 가능성이 있다.

첫째로, 어떤 사람도 지지자 없이 지도자가 될 순 없으므로, 지도자는 다른 사람들에게 자신이 믿을 만한 사람이라는 것을 확신시킬 수 있어야 한다. 지지자를 확보하기 위해서는 우선 다른 사람들 사이에서 신뢰를 쌓아야 한다. 신뢰가 정직함에서 비롯된다는 것은 말할 필요도 없다. 만약 지도자가 빈번히 약속을 어기고 말을 번복한다면 아무도 그 사람을 믿고 싶지 않을 것이고, 따라서 지지하지 않을 것이다. 게다가 정직함이란 옳은 것을 말하고 행하는 것이므로 만약 당신이 그렇게 한다면 다른 사람들의 신뢰를 얻기 위해 애쓸 필요가 없어진다. 따라서 그 지도자는 불필요한 노력을 하지 않아도 되고 더 효율적으로 일할 수 있게 된다.

둘째로, 부정직한 지도자는 다른 사람들 또한 그렇게 행동하도록 야기할 수 있다. 정직함이란 여러 측면의 도덕적인 특징들을 나타낸다. 거짓말이나 부정행위 등을 하지 않는 것이 정직함에 내포되어 있다. 이러한 자질들이 중요한 이유는 지도자가 자신이 속한 단체의 구성원에게 롤모델의 역할을 하기 때문이다. 사람들은 자신이 생각하기에 정직하지 않은 지도자에게 믿음을 잃게 될 것이며, 결국 정직하게 행동하기를 포기하게 될 수도 있다. 만약 이런 일이 일어나면 지도자와 구성원의 부도덕한 행동들이 전체 조직에 피해를 주게 될 것이다.

결론적으로 나는 학생 단체의 지도자를 뽑을 때 고려해야 할 가장 중요한 자질이 정직함이라는 것에 동의한다. 그 이유는 누구도 부정직한 지도자를 따르려고 하지 않을 것이므로 정직함 없이는 다른 사람들을 이끌 수 없기 때문이고, 부정직한 지도자는 다른 사람들도 같은 방식으로 행동하도록 야기할 것이므로 이는 단체에 매우 파괴적이기 때문이다.

Some people might argue that the most important quality to look for when choosing a leader for a student organization is honesty. I understand that honesty is a significant quality that a leader should have, but I believe there are still more important qualities such as the ability to communicate with others and the ability to make effective decisions.

Firstly, a leader should be a person who has good communication skills. Schools are places where many students from different backgrounds with different interests gather. In addition, a student leader often meets leaders of other student organizations and campus advisors. In order to operate the organization smoothly, the student leader has to communicate with all of them. There is a saying that too many cooks spoil the broth, which means there will be conflicts if too many people are involved, and those conflicting ideas will prevent a group from achieving its goals. Thus, it is essential for a leader to be able to listen critically to multiple and often conflicting viewpoints and to help find the middle ground in order to make progress.

Secondly, given that there are always conflicting ideas and agendas in an organization, a leader should be able to make effective decisions. Having decision-making skills means that the person is able to weigh the positives and negatives of each option. Everyone has their own views and values, some of which are good and others of which may have less merit. While it is important to know what those views are, it is also essential for one person to take responsibility for making a decision. That is what a leader is for. In this sense, a leader needs to be able to make a decision effectively and to persuade others to follow that decision.

In conclusion, I disagree with the statement that the most important quality to look for when choosing a leader for a student organization is honesty. A leader should be able to communicate with others well and be able to make effective decisions.

Introduction

Body 1 good communication skill is more important

Body 2 being able to make decisions effectively is more important

Conclusion

PART 01
Question Types

Q 다음 진술에 동의하는가, 아니면 동의하지 않는가?

학생 단체의 지도자를 뽑을 때 고려해야 할 가장 중요한 자질은 정직함이다.

구체적인 이유와 예시를 이용하여 답을 뒷받침하시오.

어떤 사람들은 학생 단체의 지도자를 뽑을 때 고려해야 할 가장 중요한 자질이 정직함이라고 주장할지도 모른다. 정직함이 지도자가 가져야 하는 중요한 자질임을 이해하지만 나는 다른 사람과 소통하는 능력과 효과적인 의사 결정 능력 같은 더 중요한 자질들이 있다고 생각한다.

첫째로, 지도자는 의사소통 능력이 좋은 사람이어야 한다. 학교는 다양한 흥미를 가진 서로 다른 배경의 많은 학생이 모이는 곳이다. 게다가 학생 지도자는 다른 학생 단체의 지도자나 학교 고문들을 자주 만난다. 단체를 순조롭게 운영하기 위해 그 지도자는 그 모든 사람들과 의사소통을 해야만 한다. 사공이 많으면 배가 산으로 간다는 말이 있듯 너무 많은 사람이 연루되면 갈등이 있기 마련이며, 서로 상충하는 그러한 의견들은 조직이 목표를 이루는 것을 방해할 것이다. 따라서 지도자는 앞으로 나아가기 위해 다양하고 종종 상충하는 의견들을 비판적으로 듣고 타협점을 찾도록 도울 수 있어야 한다.

둘째로, 한 단체에 언제나 상충하는 아이디어와 안건이 있다는 것을 고려할 때 지도자는 효율적인 의사 결정을 할 수 있어야 한다. 의사 결정 능력을 가졌다는 것은 그 사람이 각각의 선택이 가진 장점과 단점을 파악할 수 있다는 것을 뜻한다. 사람들은 모두 자신만의 의견과 가치관을 가지고 있는데 그 중 어떤 것은 도움이 되고 어떤 것은 가치가 덜하다. 의견이 무엇인지 파악하는 것이 중요한 반면 어느 한 사람이 책임을 지고 결정을 내리는 것이 필요하다. 그것이 지도자가 필요한 이유다. 이러한 측면에서 지도자는 효율적으로 의사 결정을 하고 다른 사람들이 그 결정을 따르도록 설득할 수 있어야 한다.

결론적으로 나는 학생 단체의 지도자를 뽑을 때 고려해야 할 가장 중요한 자질이 정직함이라는 것에 동의하지 않는다. 지도자는 다른 사람들과 의사소통을 잘 하고 효율적인 의사 결정을 할 수 있어야 한다.

Sample Question 2 선호형 (Preference)

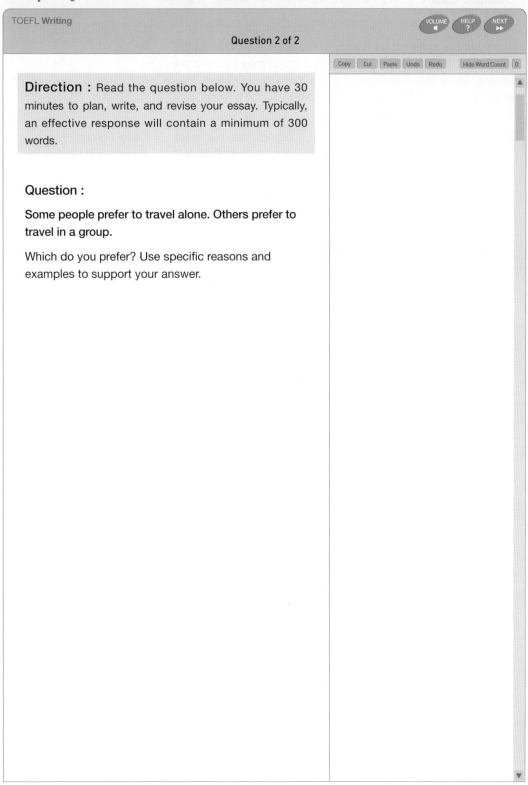

TOEFL Writing

VOLUME HELP NEXT

Copy Cut Paste Undo Redo Hide Word Count 0

Direction : Read the question below. You have 30 minutes to plan, write, and revise your essay. Typically, an effective response will contain a minimum of 300 words.

Question :

Some people prefer to travel alone. Others prefer to travel in a group.

Which do you prefer? Use specific reasons and examples to support your answer.

PART 01
Question Types

Sample Essay | Prefer Traveling Alone 혼자 여행하는 것을 선호

For people who do not have an adventurous spirit and need the comfort of familiar faces, traveling in a group may be the right choice. As for me, traveling alone is a much better option. This is because when I travel alone, I can get a chance to meet new friends and set my own agenda.

Introduction

In the first place, when I travel alone, I cannot help but meet new people who are from the country I am visiting. This is a great way to learn more about the country I'm in and of course about their culture. Since these new friends can provide unique perspectives about their lives, I will come away with a much better understanding of their history and who they really are. This is beneficial for solo travelers like me because all this new knowledge helps us to grow intellectually. These new friends can really expand our view of the world, which ultimately leads to becoming a citizen of the world.

Body 1 getting the chance to meet new friends

A second benefit of traveling alone is that I can set my own agenda according to my own tastes. This is really a great situation because I can participate in the activities that really interest me the most. In addition, it allows me to be spontaneous. If I wake up one day and decide to go horseback riding, then I can go without having to consult anyone. However, when I travel in a group, I have to keep the interests of everyone in the group in mind. That means that I have to make some compromises and engage in activities that I may not necessarily like. Traveling alone eliminates this altogether.

Body 2 setting my own agenda

All in all, the opportunities and freedom offered by traveling alone make it an excellent way to travel. Traveling alone practically ensures that I will meet new people. Spending time with citizens of the country I am visiting gives a clearer perspective of their culture because it is unfiltered. Moreover, traveling alone allows me to set my own schedule and engage in the activities that are of the most interest to me.

Conclusion

Q 어떤 사람들은 혼자 여행하는 것을 좋아한다. 다른 사람들은 단체로 여행하는 것을 좋아한다.
　당신은 어느 것을 선호하는가? 구체적인 이유와 예시를 이용하여 답을 뒷받침하시오.

모험 정신이 없고 낯익은 얼굴들에서 위안을 얻고 싶어 하는 사람들에게 단체 여행은 좋은 선택이 될 수 있다. 내 경우에는 혼자 여행하는 것이 훨씬 더 좋은 선택이다. 혼자 여행하면 새로운 사람들을 만날 기회가 있고 나 자신만의 일정을 정할 수 있기 때문이다.

우선, 혼자 여행하면 내가 방문하는 나라 출신의 새로운 사람들을 만날 수밖에 없다. 이것은 내가 가게 된 나라와 그 문화에 대해서 더 많이 배울 수 있는 좋은 방법이다. 이런 새로운 지인들이 그들 삶에 대한 독특한 시각을 제공해줄 수 있으므로 나는 그들의 역사와 실제 그들이 누구인지에 대해 한층 더 잘 이해하고 떠나게 될 것이다. 이런 모든 새로운 지식이 우리가 지적으로 성장할 수 있게 해주기 때문에 이는 나 같은 홀로 여행객들에게 이득이다. 이 새로운 지인들은 실제로 우리의 세계관을 확장해줄 수 있으며, 이는 궁극적으로 세계인이 되도록 한다.

혼자 여행하는 것의 두 번째 이점은 취향에 따라 나만의 일정을 세울 수 있다는 것이다. 내가 제일 관심이 있는 활동들에 참여할 수 있으므로 이는 매우 좋은 상황이다. 게다가 이로 인해 즉흥적으로 될 수 있다. 어느 날 내가 일어나 승마를 하러 가기로 결정하면 누구와도 상의할 필요 없이 가면 된다. 하지만 단체로 여행을 하면 단체에 속해 있는 모두의 관심사를 염두에 두어야 한다. 이는 타협을 해야 하며 꼭 좋아하지 않는 활동에도 참여해야 한다는 것을 의미한다. 홀로 여행하는 것은 이것을 모두 배제한다.

대체로 홀로 여행하여 생기는 기회와 자유는 그 여행을 훌륭하게 만든다. 홀로 여행하는 것은 내가 실제로 새로운 사람들을 만날 수 있게 보장해준다. 내가 방문한 국가의 사람들과 시간을 보내는 것은 여과되지 않은 것이기에 그들의 문화에 대해 더 분명한 시각을 제공한다. 더구나 홀로 여행하는 것은 나만의 일정을 세우고 가장 흥미롭다고 생각하는 활동들에 참여할 수 있게 해준다.

Sample Essay | Prefer Traveling in a Group 단체로 여행하는 것을 선호

There are some individuals who think that traveling alone is the ultimate statement of independence since they can go anywhere and do anything they wish. However, I see it differently. I believe that traveling in a group is better because it allows me to share my experiences with people I care about, and traveling in a group provides me with security.

Introduction

First, when traveling, especially to a place I have never been before, there is so much to see and experience. When I travel with a group, we can enjoy all of these experiences together. This is very important because shared experiences bring people closer together and create a kind of bond that only they can truly understand. In addition, by traveling in a group, I can get another perspective on the trip from traveling partners. This helps to expand upon shared experiences. Also, when traveling with a group, I never have to worry about being lonely or feeling awkward about doing things by myself.

Body 1 sharing experiences with other travelers

Second, traveling in a group is not only a good way to enjoy a trip, but it also ensures security. Traveling to a different country or even to a part of my own country for the first time presents potential safety issues. However, when I travel with a group of people, the possibility of harm greatly decreases. In fact, studies have shown that tourists are less likely to be targeted by thieves when they are in a group. This security allows people to explore more of the country they are in. For example, people will be more inclined to explore a new city and enjoy its attractions at night when they are in a group as opposed to being alone.

Body 2 providing security

In summary, traveling in a group allows me to enjoy shared experiences with family and friends which bind people together. Furthermore, groups provide travelers with an extra level of security that allows them to openly explore their environs. For these reasons, it seems apparent to me that traveling in a group is much better than traveling alone.

Conclusion

Q 어떤 사람들은 혼자 여행하는 것을 좋아한다. 다른 사람들은 단체로 여행하는 것을 좋아한다.
당신은 어느것을 선호하는가? 구체적인 이유와 예시를 이용하여 답을 뒷받침하시오.

어느 곳이든 갈 수 있고 하고 싶은 것은 무엇이든 할 수 있으므로 홀로 여행하는 것이 독립심의 최대 표현이라고 생각하는 사람들이 있다. 하지만 나는 이와 다르게 생각한다. 나는 관심이 있는 사람들과 경험을 공유할 수 있고 단체 여행이 안전을 제공하기 때문에 단체 여행이 더 좋다고 생각한다.

먼저, 여행할 때 특히 전에 가 본 적이 없는 장소에 가면 보고 경험할 것이 너무나 많다. 단체 여행을 하면 이런 모든 경험을 함께 즐길 수 있다. 함께한 경험은 사람들을 더욱 친밀하게 만들고 그들만이 진정으로 이해할 수 있는 일종의 유대감을 조성하므로 이는 매우 중요하다. 게다가 단체 여행을 하면 여행 동행자들로부터 그 여행에 대한 다른 시각을 접할 수 있다. 이것은 함께한 경험을 확장하는 데 도움을 준다. 또한 단체로 여행을 하면 외로움이나 나 혼자 무언가를 해야 한다는 어색함에 대해 걱정할 필요가 전혀 없다.

둘째로, 단체 여행은 여행을 즐기는 훌륭한 방식일 뿐만 아니라 안전을 보장해준다. 다른 국가나 국내의 어느 지역으로 처음 여행을 가는 것은 잠재적인 안전 문제를 지니고 있다. 그러나 단체 여행을 하면 피해 가능성은 크게 줄어든다. 실제로 연구는 관광객들이 단체로 있을 때 강도들의 표적이 될 가능성이 줄어든다는 것을 보여준다. 이런 안전함 덕분에 사람들은 그들이 가 있는 국가에서 더 많은 곳을 답사할 수 있다. 예를 들어, 사람들은 혼자 있을 때보다 단체로 있을 때 더 새로운 도시를 가보거나 야경을 즐기고 싶어할 것이다.

요약하자면 단체 여행은 내가 가족이나 친구들과 함께 사람들을 한데 묶어주는 경험을 즐길 수 있게 해준다. 게다가 단체는 여행객들에게 더 높은 수준의 안전을 제공하여 주변 지역을 터놓고 답사할 수 있게 해준다. 이러한 이유로 나에게는 혼자 여행하는 것보다 단체 여행이 훨씬 더 좋은 것 같다.

Sample Question 3 선택형

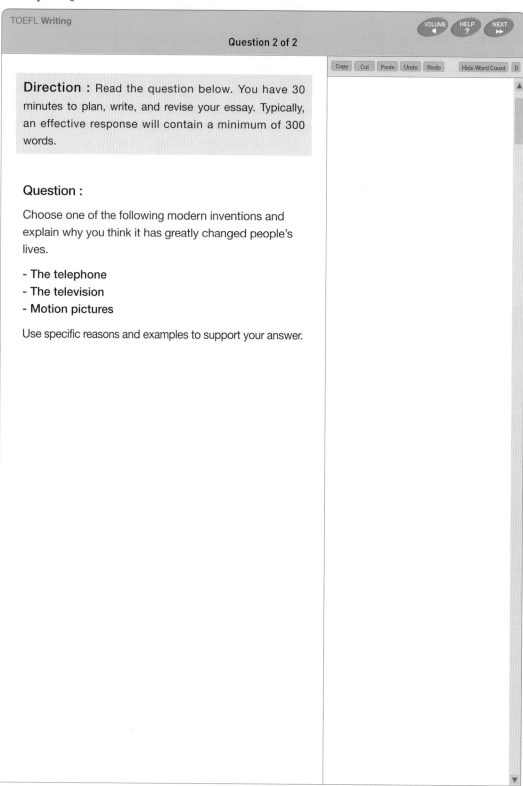

Copy Cut Paste Undo Redo Hide Word Count 0

Direction : Read the question below. You have 30 minutes to plan, write, and revise your essay. Typically, an effective response will contain a minimum of 300 words.

Question :

Choose one of the following modern inventions and explain why you think it has greatly changed people's lives.

- The telephone
- The television
- Motion pictures

Use specific reasons and examples to support your answer.

Sample Essay — The telephone 전화

Introduction

For many of us, the telephone is something we take for granted. However, if we pause to consider how much we have benefited from having a telephone, it is no exaggeration to say that the telephone has greatly changed people's lives.

Body 1 can keep in touch with loved ones who live far away

The most important reason why I believe so is because the telephone has allowed people to keep in touch with loved ones who live far away. For example, when my grandfather was working in Iran with his family still in Seoul, they could only correspond through letters initially. Sending and receiving letters took a long time, and sometimes, letters even got lost. When the telephone became widely available, my grandfather was able to talk to my grandmother and hear the voices of his children for the first time in many months.

Body 2 faster, more efficient spread of important news

Secondly, the invention of the telephone has allowed people to convey important or urgent news more efficiently. For instance, we can easily dial 9-1-1 to ask for help during emergency situations. Before the telephone was invented, this was impossible. For instance, if someone in the family was terribly injured from an accident, someone else would have to fetch help in person, or carry the injured to the doctor.

Conclusion

In short, the telephone has changed the way humans interact. It has allowed us to easily keep in touch with loved ones who live far away. It has also provided people with a more efficient method of conveying urgent information. These are the reasons why I think the telephone is a modern invention that has greatly changed people's lives.

Q 다음의 현대 발명품 중에서 하나를 골라 왜 그것이 사람들의 삶을 크게 변화시켰다고 생각하는지 설명하시오.
- 전화
- 텔레비전
- 영화

구체적인 이유와 예시를 이용하여 답을 뒷받침하시오.

우리 대부분은 전화의 존재를 당연한 것으로 생각하고 있다. 그러나 전화가 있음으로써 우리가 받는 혜택이 얼마나 대단한지 가만히 생각해 보면 전화가 사람들의 삶을 크게 변화시켰다고 해도 과언이 아니다.

내가 이렇게 생각하는 가장 중요한 이유는 전화가 사람들이 멀리 떨어져 사는 사랑하는 사람들과 계속 연락을 주고받을 수 있게 해주기 때문이다. 예를 들어, 우리 할아버지가 이란에서 근무하고 계셨을 때 할아버지의 가족들은 서울에 남아 있었는데, 그분들은 처음에 편지를 통해서만 연락을 주고받을 수 있었다. 편지를 보내고 받는 데는 오랜 시간이 걸리는 데다 가끔은 편지가 분실되기도 했다. 전화가 널리 보급되자 할아버지는 할머니와 통화할 수 있게 되셨고 몇 달 만에 처음으로 아이들의 목소리를 들을 수 있었다.

두 번째로, 전화의 발명으로 사람들은 중요하거나 긴급한 뉴스를 더 효율적으로 전달할 수 있게 되었다. 예를 들어, 우리는 긴급 상황 시에 쉽게 9-1-1으로 전화를 걸어 도움을 요청할 수 있다. 전화가 발명되기 전에는 이런 것이 불가능했다. 예를 들어, 가족 중 누군가가 사고로 심하게 다쳤을 때 다른 누군가가 직접 도와줄 사람을 데리러 가거나 환자를 의사에게 데리고 가야만 했을 것이다.

요약하면, 전화는 사람들이 교류하는 방식을 변화시켰다. 전화 덕분에 우리는 멀리 떨어져 사는 사랑하는 사람들과 쉽게 연락을 주고받을 수 있게 되었다. 전화는 또한 사람들이 긴급한 정보를 전달할 수 있는 더 효과적인 방법을 제공했다. 이것들이 내가 전화가 사람들의 삶을 크게 변화시킨 현대 발명품이라고 생각하는 이유이다.

Sample Essay | Motion pictures 영화

I believe that the invention of motion pictures has greatly improved people's lives for the following reasons. Firstly, it provided people with a new form of entertainment, and secondly, it has allowed people to visit places they had never been to before.

Introduction

When motion pictures first came out, they opened up a new form of high-quality entertainment for the public. Contrary to plays, operas, and musical concerts that showcased live performances, motion pictures were the final results of filming, editing, and post-production. This meant that motion pictures would be flawless by not allowing any room for mistakes. While people in a live performance might make mistakes and thereby lower the quality of the show, this would not happen in motion pictures.

Body 1 opened up another form of entertainment

Secondly, motion pictures allowed people to visit places they had never been to before. It is easy for us now to access information about places we have never been to before. For instance, we can easily pull up satellite images of places on another continent, read facts about a country on the other side of the globe, or even do a virtual tour of famous landmarks. However, in the past when this wasn't possible, motion pictures were one way to satisfy one's curiosity about exotic places and exotic peoples. While it may not have been the most accurate representation, motion pictures set in foreign countries allowed the audience to see how people in other cultures lived.

Body 2 allowed people to visit places they have never been to before

Motion pictures, or what we now call films, were revolutionary when they first came out. Motion pictures soon took their place as an innovative art form, and they expanded people's worldview by exposing the audience to different places and different peoples. This is why I think the invention of motion pictures has greatly changed people's lives.

Conclusion

PART 01
Question Types

Q 다음의 현대 발명품 중에서 하나를 골라 왜 그것이 사람들의 삶을 크게 변화시켰다고 생각하는지 설명하시오.
- 전화
- 텔레비전
- 영화

구체적인 이유와 예시를 이용하여 답을 뒷받침하시오.

나는 다음과 같은 이유로 영화의 발명이 사람들의 삶을 크게 발전시켰다고 생각한다. 먼저, 영화는 사람들에게 새로운 형태의 오락물을 제공해 주었으며, 두 번째로, 사람들이 전에 가 본 적 없던 장소들을 구경할 수 있도록 해주었다.

영화가 처음 등장했을 때, 대중들은 새로운 형태의 고품질 오락물을 접할 수 있게 되었다. 라이브 공연을 선보이는 연극, 오페라, 그리고 뮤지컬과 반대로 영화는 촬영, 편집, 후반 작업의 최종 결과물이었다. 이것은 실수의 여지를 없앤다는 점에서 영화가 완벽할 수 있다는 것을 의미했다. 라이브 공연에서는 공연자가 실수를 할 수 있고 이로 인해 공연의 질이 낮아질 수도 있지만, 영화에서는 이런 일이 발생하지 않을 것이다.

둘째로, 영화는 사람들이 전에 가 본 적이 없는 장소들을 구경할 수 있도록 해주었다. 지금 우리는 가 본 적이 없는 장소들에 대한 정보를 쉽게 얻을 수 있다. 예를 들어, 우리는 다른 대륙에 있는 장소의 위성 영상을 쉽게 띄워 볼 수도 있고, 지구 반대편에 있는 나라에 대한 실상을 읽을 수도 있으며, 심지어 유명한 랜드마크를 가상으로 둘러보기까지 할 수 있다. 그러나 과거에 이런 일이 불가능했을 때, 영화는 외국의 장소와 사람들에 대한 호기심을 충족할 수 있는 유일한 수단이었다. 비록 가장 정확한 묘사가 아니었을 수도 있지만, 외국을 배경으로 한 영화에서 관객들은 다른 문화의 사람들이 어떻게 살아가는지 볼 수 있었다.

활동사진, 혹은 우리가 현재 영화라고 부르는 것은 처음 등장했을 때 아주 획기적이었다. 영화는 곧 혁신적인 예술 형식으로 인정받았으며, 각양각색의 장소 및 사람들을 경험하게 하여 사람들의 세계관을 넓혀 주었다. 이것이 내가 영화의 발명이 사람들의 삶을 크게 변화시켰다고 생각하는 이유이다.

PAGODA TOEFL 90+

WRITING

Actual Test

TOEFL Writing에서 자주 사용하는 핵심 표현들

1. 서론 문단에서 자주 사용하는 표현

◎ 찬성/반대 유형 문제의 경우

① 도입 문장

There is[has been] an argument about/concerning/ regarding whether ~	~에 대한 논란이 있다[있어 왔다]
It is controversial whether ~	~은 논란의 여지가 있다
It is often said that ~	~라고 흔히 말한다
Many people believe that ~	많은 사람들이 ~라고 생각한다

> [EXAMPLE]

- **There is an argument about whether** it is desirable for high school students to have part-time jobs during their school days.

  고등학생들이 학창 시절 동안 아르바이트를 하는 것이 바람직한지에 관한 논란이 있다.

- **It is controversial whether** it is wise for children to be educated abroad at a very early age to acquire a second language.

  매우 어린 나이의 어린이가 제2외국어를 습득하기 위해 외국에서 교육받는 것이 현명한지는 논란의 여지가 있다.

- **Many people believe that** only books that contain objective facts and truths should be read.

  많은 사람이 객관적인 사실과 진실만을 담은 책을 읽어야 한다고 생각한다.

② 주제 문장

I firmly/strongly believe that ~ because ...	나는 …때문에 ~라고 굳게 믿는다
I agree with the idea that ~ because ...	나는 …때문에 ~라는 생각에 동의한다
As far as I am concerned, ~	내 생각으로는 ~하다
In my opinion	내 의견으로는
From my point of view	내가 볼 때는
From my perspective	내 견해로는

EXAMPLE

- **I agree with the idea that** students should have the opportunity to evaluate their teachers.

  나는 학생들이 교사를 평가하는 기회를 가져야 한다는 생각에 동의한다.

- **In my opinion**, the primary role of teachers is to pass on knowledge to their students.

  내 생각에 교사의 주요한 역할은 학생들에게 지식을 전하는 것이다.

◎ 선호 유형 문제의 경우

① 도입 문장

Some people ~ while others ...	어떤 사람들은 ~하는 반면 다른 사람들은 …한다
There are two ways/types to/of~	~에는 두 가지 방법/유형이 있다
There seems to be two kinds of ~	두 가지 종류의 ~가 있는 것 같다
There are different opinions about whether ~	~(한지)에 대한 다른 견해들이 있다

EXAMPLE

- **Some people** prefer to live in a small town **while others** prefer to live in a big city.

  어떤 사람들은 작은 마을에서 사는 것을 선호하는 반면 다른 사람들은 대도시에서 사는 것을 선호한다.

- **There seems to be two kinds of** reactions to a new custom when people live abroad.

  사람들이 외국에서 살 때 새로운 관습에 대해 두 가지 종류의 반응이 있는 것 같다.

- **There are different opinions about whether** making quick decisions is desirable or not.

  빠른 결정을 내리는 것이 바람직한지 아닌지에 대한 다른 견해들이 있다.

② 주제 문장

I prefer *A* to *B* because ~	나는 ~때문에 B보다 A를 선호한다
I would rather *A* than *B* because ~	나는 ~때문에 B보다는 오히려 A하겠다

EXAMPLE

- As for me, **I prefer to** let machines do my work rather than use my hands.
  나로서는 손을 사용하는 것보다 기계가 나의 일을 하도록 하는 것을 선호한다.

- **I prefer to** travel alone **because** traveling alone allows me to have more flexibility.
  혼자서 여행하는 것은 내가 더 많은 여유를 가질 수 있도록 하므로 나는 혼자서 여행하는 것을 선호한다.

- **I would rather** spend most of the time by myself **than** with friends.
  나는 친구들과 함께 보내기보다는 오히려 혼자서 대부분의 시간을 보내겠다.

2. 본론 문단에서 자주 사용하는 표현

◉ 주제 문장

First / First of all	첫 번째로, 우선
To begin with	우선
Secondly	두 번째로
Thirdly	세 번째로
In addition / Besides / Moreover / What is more	게다가, 또한
In addition to	~뿐만 아니라
Furthermore	더욱이, 더 나아가

EXAMPLE

- **First**, children raised in the countryside are less likely to have stress than those raised in a big city.

  우선, 시골에서 자란 아이들은 도시에서 자란 아이들보다 스트레스를 받을 가능성이 더 적은 것 같다.

- **First of all**, I strongly believe that humans are bound to associate with people by nature.

  첫 번째로, 나는 인간이 선천적으로 사람들과 어울리게 되어 있다고 굳게 믿는다.

- **Secondly**, we feel secure as long as we belong to a community.

  두 번째로, 우리는 공동체에 속해 있는 한 안전함을 느낀다.

◉ 뒷받침 문장

① 예시

For example / For instance	예를 들면
To illustrate / To demonstrate ~	~를 설명하자면 / 보여주자면

② 부연 설명

In other words	다른 말로 하면
In fact / Indeed	사실상, 정말로

③ 대조

On the contrary	그와는 반대로
On the other hand	반면에, 다른 한편으로는
However	하지만

④ 원인-결과

> As a result   그 결과
> Consequently   결과적으로

EXAMPLE

- **For example**, when I studied as a member of a study group, we had difficulty in getting together.

  예를 들자면, 내가 스터디그룹의 일원으로 공부를 했을 때 우리는 함께 모이는 데 어려움을 겪었다.

- **In other words**, if you are able to speak a foreign language, you have more opportunities to get a job.

  다른 말로 하면, 당신이 외국어를 말할 수 있으면 취직할 수 있는 더 많은 기회를 얻게 된다.

- **In fact**, it is more common that people have negative impressions of the product if there is excessive sexuality shown in the advertisement.

  사실상 광고에서 과도한 선정성이 보인다면 사람들이 그 상품에 대해 부정적인 인상을 갖게 되는 것은 더욱 일반적인 사실이다.

3. 결론 문단에서 자주 사용하는 표현

◉ 주장을 정리할 때

> In summary/To sum up   요약하면, 요약해서 말하면
> In short/In brief   한마디로 말하면, 짧게 말하면
> In conclusion/To conclude   결론적으로, 결론지어 말하자면
> As a result/Consequently   그 결과, 결과적으로
> Hence/Thus/Therefore/Accordingly   따라서

EXAMPLE

- **To sum up**, space exploration may indeed be interesting, but it is not more important than the life on this planet.

  요약해서 말하면, 우주 탐험은 실제로 흥미로울 수 있지만 이 행성에서의 삶보다 더 중요하지는 않다.

- **In conclusion**, writing well is much more important in today's world.

  결론적으로, 글을 잘 쓰는 것은 오늘날의 세상에서 훨씬 더 중요하다.

- **As a result**, although teachers play a significant role in the lives of students, it is best for teachers and students to maintain strictly academic relationships.

  결과적으로, 교사가 학생의 삶에 중요한 역할을 할지라도 교사와 학생이 엄격한 학구적 관계를 유지하는 것이 최상이다.

◉ 근거를 요약할 때

This is because ~	이것은 ~때문이다

EXAMPLE

- **This is because** rewarding their efforts will prompt students to have better study habits.

  이것은 학생들의 노력을 보상하는 것이 학생들로 하여금 더 나은 학습 습관을 갖도록 해줄 것이기 때문이다.

- **This is because** studying alone enables me to manage my time more efficiently and perform better in the end.

  이것은 혼자서 공부하는 것이 내가 더 효과적으로 시간을 관리하고 결국 더 잘 하도록 해주기 때문이다.

PART 02
Actual Tests

Actual Test 01

문제 듣기

예시 답변 및 해석 | p. 2

Due to their higher level of energy efficiency, many governments are advocating the use of compact fluorescent lamps (CFLs). While they may be superior to regular incandescent bulbs in many respects, research suggests that they are not the wonder solution that so many people seem to think they are.

Firstly, just like any other type of fluorescent lamp, CFLs contain mercury. They may last a long time, but eventually they must be replaced, and mercury is highly toxic. If they are put in landfills, the mercury could leak out into the water table and rivers, poisoning the fish and people. The mercury is also a hazard for people who work in recycling plants because the bulbs are easily broken.

Secondly, CFLs are pretty expensive. Depending on the size and wattage, they can cost 3 to 10 times as much as the bulbs they are meant to replace. These prices are unlikely to go down for some time as the technology is still being refined. Unless the government intends to mandate lower prices for the lamps, it would put a financial burden on consumers, especially on companies in large buildings.

Finally, although they produce light more efficiently, the quality of that light is lower. Brighter lamps are a good thing, but the chemicals these lights use produce a much narrower spectrum of visible light. This harsher light is likely to irritate people who are using them; just as conventional fluorescent bulbs often give people sore eyes and headaches.

🎧 AT01

Directions : You have 20 minutes to plan and write your response. Your response will be judged on the basis of the quality of your writing and on how well your response presents the points in the lecture and their relationship to the reading passage. Typically, an effective response will be 150 to 225 words.

Questions : Summarize the points made in the lecture you just heard, explaining how they cast doubt on the points made in the reading.

Copy Cut Paste Undo Redo   Hide Word Count 0

Due to their higher level of energy efficiency, many governments are advocating the use of compact fluorescent lamps (CFLs). While they may be superior to regular incandescent bulbs in many respects, research suggests that they are not the wonder solution that so many people seem to think they are.

Firstly, just like any other type of fluorescent lamp, CFLs contain mercury. They may last a long time, but eventually they must be replaced, and mercury is highly toxic. If they are put in landfills, the mercury could leak out into the water table and rivers, poisoning the fish and people. The mercury is also a hazard for people who work in recycling plants because the bulbs are easily broken.

Secondly, CFLs are pretty expensive. Depending on the size and wattage, they can cost 3 to 10 times as much as the bulbs they are meant to replace. These prices are unlikely to go down for some time as the technology is still being refined. Unless the government intends to mandate lower prices for the lamps, it would put a financial burden on consumers, especially on companies in large buildings.

Finally, although they produce light more efficiently, the quality of that light is lower. Brighter lamps are a good thing, but the chemicals these lights use produce a much narrower spectrum of visible light. This harsher light is likely to irritate people who are using them; just as conventional fluorescent bulbs often give people sore eyes and headaches.

VOLUME
◄

HELP
?

NEXT
►►

Copy   Cut   Paste   Undo   Redo   Hide Word Count   0

Direction : Read the question below. You have 30 minutes to plan, write, and revise your essay. Typically, an effective response will contain a minimum of 300 words.

Question :

Do you agree or disagree with the following statement?

Because people spend so much of their time working, it is vital that they use their free time to engage in hobbies that are different from their work.

Use specific reasons and examples to support your answer.

VOLUME HELP NEXT

Copy Cut Paste Undo Redo Hide Word Count 0

PART 02
Actual Tests

Actual Test 02

문제 듣기

예시 답변 및 해석 ㅣ p. 9

Of all the sharks that swim in the oceans, none has such a distinct profile as the hammerhead shark. The hammer-shaped elongated head for which it is named makes it instantly recognizable, and it has invited speculation for centuries. Obviously, such a radical alteration in shape must be an adaptation, but for what purpose?

Due to the shape of their heads and their relatively small mouths, some have proposed that the hammer-shaped head is used as a weapon. Hammerheads typically hunt near the sea floor, and they could use their head to strike prey, slamming it into the ground. Indeed, some hammerheads have been observed holding their prey down while they devour it. A more normally shaped head would make this tactic difficult if not impossible to carry out.

The wide flat shape of the head may serve another physical purpose, which is acting as a kind of hydrofoil. Other species of shark are dedicated to moving in more or less a straight line once they begin a strike. However, hammerheads have been observed rapidly changing direction, and their head could be the reason. Much like the wings of an airplane, the head shape could provide lift in the water. This additional energy could easily be channeled into making sharper turns while pursuing prey.

The hammer shape may also serve the purpose of increasing their sensory ability. Like most species of shark, hammerheads have electro-sensory organs located on the underside of their snouts. These sensitive organs allow them to detect the faint electrical signals that all animals emit, allowing the sharks to track their prey more easily. The increased number of sensory organs would compensate for the limited field of vision their eye placement would cause.

🎧 AT02

Directions : You have 20 minutes to plan and write your response. Your response will be judged on the basis of the quality of your writing and on how well your response presents the points in the lecture and their relationship to the reading passage. Typically, an effective response will be 150 to 225 words.

Questions : Summarize the points made in the lecture you just heard, explaining how they cast doubt on the points made in the reading.

Copy | Cut | Paste | Undo | Redo | Hide Word Count | 0

Of all the sharks that swim in the oceans, none has such a distinct profile as the hammerhead shark. The hammer-shaped elongated head for which it is named makes it instantly recognizable, and it has invited speculation for centuries. Obviously, such a radical alteration in shape must be an adaptation, but for what purpose?

Due to the shape of their heads and their relatively small mouths, some have proposed that the hammer-shaped head is used as a weapon. Hammerheads typically hunt near the sea floor, and they could use their head to strike prey, slamming it into the ground. Indeed, some hammerheads have been observed holding their prey down while they devour it. A more normally shaped head would make this tactic difficult if not impossible to carry out.

The wide flat shape of the head may serve another physical purpose, which is acting as a kind of hydrofoil. Other species of shark are dedicated to moving in more or less a straight line once they begin a strike. However, hammerheads have been observed rapidly changing direction, and their head could be the reason. Much like the wings of an airplane, the head shape could provide lift in the water. This additional energy could easily be channeled into making sharper turns while pursuing prey.

The hammer shape may also serve the purpose of increasing their sensory ability. Like most species of shark, hammerheads have electro-sensory organs located on the underside of their snouts. These sensitive organs allow them to detect the faint electrical signals that all animals emit, allowing the sharks to track their prey more easily. The increased number of sensory organs would compensate for the limited field of vision their eye placement would cause.

VOLUME HELP NEXT
◀   ?   ▶▶

Copy Cut Paste Undo Redo   Hide Word Count 0

Direction : Read the question below. You have 30 minutes to plan, write, and revise your essay. Typically, an effective response will contain a minimum of 300 words.

Question :

Do you agree or disagree with the following statement?

When assigned a project by their teacher, students work better in groups than they do individually.

Use specific reasons and examples to support your answer.

Copy Cut Paste Undo Redo   Hide Word Count 0

Actual Test 03

문제 듣기

예시 답변 및 해석 | p. 17

Over the past few centuries, people have found over 400 carved stone balls scattered around Scotland, with the majority found in Aberdeenshire. These balls have common characteristics that point to them having been made by the same stone age culture. However, scientists and historians have been unable to discern their purpose, though there are many theories.

One of the dominant theories is that they served as symbols of status or power. Orbs have long been considered symbols of kings, partly due to the difficulty of their manufacture. These stones would have been particularly difficult to produce, with estimates ranging from 50 to 100 hours of labor depending on the material used. The stones may have been mounted upon decorated handles, creating an object much like a king's scepter.

These stones may also have been used as weapons. Also found throughout Scotland are carved stone mace heads, and these may be another form of them. Alternatively, they could have been attached to strings and used for fighting or hunting. A weight on a string can be swung with deadly accuracy and speed. Or, a few could have been tied together to make a weapon like the bolas, which is spun and then thrown to entangle an animal's legs.

Another theory suggests a much more practical purpose. These stones could have been used for measuring trade goods. Because of their fairly uniform diameter, they could be placed on one end of a scale to measure grain or other goods sold by weight. Alternatively, they could have been used as currency. Stones have been used as currency in many cultures around the world. Most trade in Scotland was usually conducted using barter, but some trade goods were inconvenient to transport before they were purchased.

 AT03

Directions : You have 20 minutes to plan and write your response. Your response will be judged on the basis of the quality of your writing and on how well your response presents the points in the lecture and their relationship to the reading passage. Typically, an effective response will be 150 to 225 words.

Questions : Summarize the points made in the lecture you just heard, explaining how they cast doubt on the points made in the reading.

Over the past few centuries, people have found over 400 carved stone balls scattered around Scotland, with the majority found in Aberdeenshire. These balls have common characteristics that point to them having been made by the same stone age culture. However, scientists and historians have been unable to discern their purpose, though there are many theories.

One of the dominant theories is that they served as symbols of status or power. Orbs have long been considered symbols of kings, partly due to the difficulty of their manufacture. These stones would have been particularly difficult to produce, with estimates ranging from 50 to 100 hours of labor depending on the material used. The stones may have been mounted upon decorated handles, creating an object much like a king's scepter.

These stones may also have been used as weapons. Also found throughout Scotland are carved stone mace heads, and these may be another form of them. Alternatively, they could have been attached to strings and used for fighting or hunting. A weight on a string can be swung with deadly accuracy and speed. Or, a few could have been tied together to make a weapon like the bolas, which is spun and then thrown to entangle an animal's legs.

Another theory suggests a much more practical purpose. These stones could have been used for measuring trade goods. Because of their fairly uniform diameter, they could be placed on one end of a scale to measure grain or other goods sold by weight. Alternatively, they could have been used as currency. Stones have been used as currency in many cultures around the world. Most trade in Scotland was usually conducted using barter, but some trade goods were inconvenient to transport before they were purchased.

Copy | Cut | Paste | Undo | Redo | Hide Word Count | 0

Direction : Read the question below. You have 30 minutes to plan, write, and revise your essay. Typically, an effective response will contain a minimum of 300 words.

Question :

Do you agree or disagree with the following statement?

The ability to accept responsibility for one's mistakes is the most important quality a leader can possess.

Use specific reasons and examples to support your answer.

VOLUME   HELP   NEXT

Copy   Cut   Paste   Undo   Redo   Hide Word Count   0

Actual Test 04

예시 답변 및 해석 | p. 24

In areas that often suffer from drought or severe storms, people sometimes use cloud seeding in order to increase or alter the precipitation they receive. Typically, silver iodide or dry ice is dropped into clouds, lowering their internal temperatures. The usefulness of this practice has been proven in many areas.

In laboratory experiments, scientists created ideal conditions for hail formation and dispersed silver iodide into the clouds. The resultant precipitation was comparatively harmless snow as opposed to hailstones. This means that cloud seeding can be used both to limit the extent of damaging weather like hail as well as to promote snow or rainfall for beneficial reasons. In addition, this proves that the principle behind the idea of cloud seeding is sound.

North American scientists have proven the effectiveness of cloud seeding in the real world as well. One of the main threats to crops in the American Midwest is hail damage. Scientists flew airplanes into clouds that had the potential for creating hail and released chemicals. As a result, the clouds only dropped rain. Not only that, but the US government experimented with using silver iodide to weaken hurricanes. After releasing canisters of silver iodide into the eye wall of a hurricane, they observed a 10% drop in wind speeds.

Outside confirmation of the practical uses of cloud seeding has come from many other countries, including China. The Chinese regularly use the same techniques to prevent hail over cities as well as farms. In addition, they have even used cloud seeding to cause beneficial precipitation when there was none to be had. In 1997, they were suffering from a prolonged drought, so scientists seeded clouds and created a heavy snowfall.

🎧 AT04

Directions : You have 20 minutes to plan and write your response. Your response will be judged on the basis of the quality of your writing and on how well your response presents the points in the lecture and their relationship to the reading passage. Typically, an effective response will be 150 to 225 words.

Questions : Summarize the points made in the lecture you just heard, explaining how they cast doubt on the points made in the reading.

In areas that often suffer from drought or severe storms, people sometimes use cloud seeding in order to increase or alter the precipitation they receive. Typically, silver iodide or dry ice is dropped into clouds, lowering their internal temperatures. The usefulness of this practice has been proven in many areas.

In laboratory experiments, scientists created ideal conditions for hail formation and dispersed silver iodide into the clouds. The resultant precipitation was comparatively harmless snow as opposed to hailstones. This means that cloud seeding can be used both to limit the extent of damaging weather like hail as well as to promote snow or rainfall for beneficial reasons. In addition, this proves that the principle behind the idea of cloud seeding is sound.

North American scientists have proven the effectiveness of cloud seeding in the real world as well. One of the main threats to crops in the American Midwest is hail damage. Scientists flew airplanes into clouds that had the potential for creating hail and released chemicals. As a result, the clouds only dropped rain. Not only that, but the US government experimented with using silver iodide to weaken hurricanes. After releasing canisters of silver iodide into the eye wall of a hurricane, they observed a 10% drop in wind speeds.

Outside confirmation of the practical uses of cloud seeding has come from many other countries, including China. The Chinese regularly use the same techniques to prevent hail over cities as well as farms. In addition, they have even used cloud seeding to cause beneficial precipitation when there was none to be had. In 1997, they were suffering from a prolonged drought, so scientists seeded clouds and created a heavy snowfall.

Copy   Cut   Paste   Undo   Redo   Hide Word Count   0

Direction : Read the question below. You have 30 minutes to plan, write, and revise your essay. Typically, an effective response will contain a minimum of 300 words.

Question :

Do you agree or disagree with the following statement?

It is more difficult to educate children today than it was in the past due to the amount of time they devote to playing video games, chatting on their phones, and updating their social networking pages.

Use specific reasons and examples to support your answer.

Copy Cut Paste Undo Redo Hide Word Count 0

Actual Test 05

문제 듣기

예시 답변 및 해석 | p. 31

In order to attract qualified teachers, schools in many poor and rural areas offer signing bonuses. These financial incentives are a vital investment in the future of students, and as such should be continued.

The main issue that schools in low-income areas face is attracting teachers to work at them. Public schools are funded by state income tax revenue, which means that their budgets are determined by the average income in their area. Therefore, the pay for teachers in poor areas is typically low, which makes it difficult to attract new teachers. So, by providing higher incomes, signing bonuses allow these schools to attract teachers that would otherwise teach in higher income areas.

The increased salaries that signing bonuses create also attract people from other industries. Many people who are interested in teaching choose not to due to the low average salary that teaching offers. Instead, they pursue other careers in their area of study. For example, scientists working for private corporations can make far more money than they would by teaching science to students. Higher wages can attract these experts to lower income schools in their area where they would not normally consider working.

Signing bonuses are also beneficial because they encourage teachers to remain at one institution for a longer period of time. Most of the institutions stipulate that the teacher must teach for a specific number of years in order to receive their bonus. Many also divide the bonus up between the stipulated years in order to motivate the teacher to stay longer. This allows the schools to retain their teachers longer, and provides a stable environment for their students.

🎧 AT05

Directions : You have 20 minutes to plan and write your response. Your response will be judged on the basis of the quality of your writing and on how well your response presents the points in the lecture and their relationship to the reading passage. Typically, an effective response will be 150 to 225 words.

Questions : Summarize the points made in the lecture you just heard, explaining how they cast doubt on the points made in the reading.

In order to attract qualified teachers, schools in many poor and rural areas offer signing bonuses. These financial incentives are a vital investment in the future of students, and as such should be continued.

The main issue that schools in low-income areas face is attracting teachers to work at them. Public schools are funded by state income tax revenue, which means that their budgets are determined by the average income in their area. Therefore, the pay for teachers in poor areas is typically low, which makes it difficult to attract new teachers. So, by providing higher incomes, signing bonuses allow these schools to attract teachers that would otherwise teach in higher income areas.

The increased salaries that signing bonuses create also attract people from other industries. Many people who are interested in teaching choose not to due to the low average salary that teaching offers. Instead, they pursue other careers in their area of study. For example, scientists working for private corporations can make far more money than they would by teaching science to students. Higher wages can attract these experts to lower income schools in their area where they would not normally consider working.

Signing bonuses are also beneficial because they encourage teachers to remain at one institution for a longer period of time. Most of the institutions stipulate that the teacher must teach for a specific number of years in order to receive their bonus. Many also divide the bonus up between the stipulated years in order to motivate the teacher to stay longer. This allows the schools to retain their teachers longer, and provides a stable environment for their students.

PART 02
Actual Tests

Copy   Cut   Paste   Undo   Redo   Hide Word Count   0

Direction : Read the question below. You have 30 minutes to plan, write, and revise your essay. Typically, an effective response will contain a minimum of 300 words.

Question :

Which of the following do you think is the best way for a student to make friends?

- Doing volunteer work
- Joining a sports team
- Traveling to foreign countries

Use specific reasons and examples to support your answer.

Copy　Cut　Paste　Undo　Redo　　Hide Word Count　0

Historically, the British Isles were invaded by many foreign forces such as the Celts, the Romans, and the Angles and Saxons. In light of this history, it is easy to see why it is unclear whom the people of England are descended from. However, there is strong evidence that points to the Anglo-Saxons as the ancestors of the majority of modern English people.

To begin with, historical records show that the movement of the Anglo-Saxons to the British Isles was a resettlement. They left their former homes on the mainland in what is now Germany and Denmark and came to England, which was inhabited by Celtic tribes. Written accounts from around that time give the impression that this wave of immigration quickly overwhelmed the Celts and forced them to retreat into what is now Wales and Scotland.

This is further supported by the fact that English developed from the language of the Anglo-Saxons and not the earlier Celts. A simple comparison of English with Welsh or Gaelic, both Celtic tongues, clearly shows how drastically different these languages are. As the Anglo-Saxons exerted their dominance over the island, their language replaced those of the Celtic peoples. This linguistic shift increases the likelihood that today's population came from the Germanic invaders.

Even more conclusive proof was gained by studying the DNA of people living in several villages in eastern England. Their DNA was compared to samples from modern people with Celtic and Germanic backgrounds, and it was found to be almost identical to that of people living in the areas where the Anglo-Saxon migration began. This provides inarguable proof that the people of modern-day England are more closely related to the Anglo-Saxons than to the original Celtic population.

 AT06

Directions : You have 20 minutes to plan and write your response. Your response will be judged on the basis of the quality of your writing and on how well your response presents the points in the lecture and their relationship to the reading passage. Typically, an effective response will be 150 to 225 words.

Questions : Summarize the points made in the lecture you just heard, explaining how they cast doubt on the points made in the reading.

Historically, the British Isles were invaded by many foreign forces such as the Celts, the Romans, and the Angles and Saxons. In light of this history, it is easy to see why it is unclear whom the people of England are descended from. However, there is strong evidence that points to the Anglo-Saxons as the ancestors of the majority of modern English people.

To begin with, historical records show that the movement of the Anglo-Saxons to the British Isles was a resettlement. They left their former homes on the mainland in what is now Germany and Denmark and came to England, which was inhabited by Celtic tribes. Written accounts from around that time give the impression that this wave of immigration quickly overwhelmed the Celts and forced them to retreat into what is now Wales and Scotland.

This is further supported by the fact that English developed from the language of the Anglo-Saxons and not the earlier Celts. A simple comparison of English with Welsh or Gaelic, both Celtic tongues, clearly shows how drastically different these languages are. As the Anglo-Saxons exerted their dominance over the island, their language replaced those of the Celtic peoples. This linguistic shift increases the likelihood that today's population came from the Germanic invaders.

Even more conclusive proof was gained by studying the DNA of people living in several villages in eastern England. Their DNA was compared to samples from modern people with Celtic and Germanic backgrounds, and it was found to be almost identical to that of people living in the areas where the Anglo-Saxon migration began. This provides inarguable proof that the people of moden-day England are more closely related to the Anglo-Saxons than to the original Celtic population.

VOLUME ◀   HELP ?   NEXT ▶▶

Copy   Cut   Paste   Undo   Redo   Hide Word Count   0

Direction : Read the question below. You have 30 minutes to plan, write, and revise your essay. Typically, an effective response will contain a minimum of 300 words.

Question :

For their children's benefit, some busy parents choose to spend their time ensuring that their children have fun. Others choose to focus on helping them with their schoolwork.

Which do you prefer? Use specific reasons and examples to support your answer.

Copy | Cut | Paste | Undo | Redo | Hide Word Count | 0

Actual Test 07

예시 답변 및 해석 | p. 45

The technology of genetic modification offers many potential advances, especially in agriculture. The creation of genetically modified organisms (GMOs) is a revolution in science that may allow us to grow sufficient food and even improve a country's economy in the following ways.

First, GMOs can resolve one of the most significant difficulties many farmers face: a lack of precipitation. By genetically modifying crops to grow in dry conditions, science could give these farmers a higher yield from their land. If they can grow enough to have a surplus, they can sell the extra at the market. In this way, not only the farmers, but also the local and even the national economy could benefit.

Second, another threat that farmers face is pest organisms, particularly insects and fungi. However, GMOs can be created that produce toxins that will protect them against pests and remain harmless to people. With such crops, synthetic pesticides would be unnecessary, which benefits not only consumers, but also the environment. Chemical pesticides are a serious environmental pollutant, and they can affect many species other than the ones they are intended to kill.

Third, GMO crops can provide a variety of nutrients for many people who suffer from malnutrition due to their limited diet. These people suffer from vitamin deficiencies that can severely affect their health. However, these GMO crops are able to combat this situation because they can provide nutrients that the plants normally would not contain. For example, many cultures use rice as their staple crop, but it lacks vitamin A, which is required to grow properly. So, scientists have created a type of rice that contains large amounts of vitamin A to supplement their diet.

🎧 AT07

Directions : You have 20 minutes to plan and write your response. Your response will be judged on the basis of the quality of your writing and on how well your response presents the points in the lecture and their relationship to the reading passage. Typically, an effective response will be 150 to 225 words.

Questions : Summarize the points made in the lecture you just heard, explaining how they cast doubt on the points made in the reading.

| Copy | Cut | Paste | Undo | Redo | Hide Word Count | 0 |

The technology of genetic modification offers many potential advances, especially in agriculture. The creation of genetically modified organisms (GMOs) is a revolution in science that may allow us to grow sufficient food and even improve a country's economy in the following ways.

First, GMOs can resolve one of the most significant difficulties many farmers face: a lack of precipitation. By genetically modifying crops to grow in dry conditions, science could give these farmers a higher yield from their land. If they can grow enough to have a surplus, they can sell the extra at the market. In this way, not only the farmers, but also the local and even the national economy could benefit.

Second, another threat that farmers face is pest organisms, particularly insects and fungi. However, GMOs can be created that produce toxins that will protect them against pests and remain harmless to people. With such crops, synthetic pesticides would be unnecessary, which benefits not only consumers, but also the environment. Chemical pesticides are a serious environmental pollutant, and they can affect many species other than the ones they are intended to kill.

Third, GMO crops can provide a variety of nutrients for many people who suffer from malnutrition due to their limited diet. These people suffer from vitamin deficiencies that can severely affect their health. However, these GMO crops are able to combat this situation because they can provide nutrients that the plants normally would not contain. For example, many cultures use rice as their staple crop, but it lacks vitamin A, which is required to grow properly. So, scientists have created a type of rice that contains large amounts of vitamin A to supplement their diet.

Copy | Cut | Paste | Undo | Redo | Hide Word Count | 0

Direction : Read the question below. You have 30 minutes to plan, write, and revise your essay. Typically, an effective response will contain a minimum of 300 words.

Question :

Do you agree or disagree with the following statement?

You can tell a person's character by the way he or she dresses.

Use specific reasons and examples to support your answer.

Copy   Cut   Paste   Undo   Redo   Hide Word Count   0

PAGODA TOEFL 90+

WRITING

Actual Test

PAGODA TOEFL 90+

WRITING

Actual Test

PAGODA TOEFL 90+

WRITING

Actual Test

PAGODA TOEFL

90+ Writing Actual Test

예시 답변 및 해석

PAGODA Books

파고다교육그룹 언어교육연구소 | 저

PAGODA TOEFL

90+
Writing
Actual Test

예시 답변 및 해석

Question 1

Reading Passage

Due to their higher level of energy efficiency, many governments are advocating the use of compact fluorescent lamps (CFLs). While they may be superior to regular incandescent bulbs in many respects, research suggests that they are not the wonder solution that so many people seem to think they are.

Firstly, just like any other type of fluorescent lamp, CFLs contain mercury. They may last a long time, but eventually they must be replaced, and mercury is highly toxic. If they are put in landfills, the mercury could leak out into the water table and rivers, poisoning the fish and people. The mercury is also a hazard for people who work in recycling plants because the bulbs are easily broken.

Secondly, CFLs are pretty expensive. Depending on the size and wattage, they can cost 3 to 10 times as much as the bulbs they are meant to replace. These prices are unlikely to go down for some time as the technology is still being refined. Unless the government intends to mandate lower prices for the lamps, it would put the financial burden on consumers, especially on companies in large buildings.

Finally, although they produce light more efficiently, the quality of that light is lower. Brighter lamps are a good thing, but the chemicals these lights use produce a much narrower spectrum of visible light. This harsher light is likely to irritate people who are using them; just as conventional fluorescent bulbs often give people sore eyes and headaches.

높은 에너지 효율성 때문에 많은 정부는 콤팩트 형광등(CFLs)의 사용을 지지하고 있다. 많은 면에서 일반 백열등보다 우수할 수도 있지만, 연구는 콤팩트 형광등이 많은 사람이 생각하는 것처럼 놀라운 해결책은 아니라는 것을 보여준다.

첫째, 다른 모든 형태의 형광등처럼 콤팩트 형광등은 수은을 함유하고 있다. 오랜 기간 지속될 수 있지만 결국에는 교체되어야 하고, 수은은 독성이 매우 강하다. 만약 쓰레기 매립지에 버려진다면 수은이 지하수면과 강으로 스며 나와 어류와 사람들을 중독시킬 수 있다. 수은은 또한 재활용 공장에서 일하는 사람들에게 해가 되는데, 이것은 전구가 쉽게 깨지기 때문이다.

둘째, 콤팩트 형광등은 상당히 비싸다. 크기와 전력량에 따라 그것들은 교체하고자 하는 전구에 비해 3~10배의 비용이 든다. 기술이 여전히 개량 중이기 때문에 이 가격은 당분간 내려갈 것 같지 않다. 정부가 이 전등에 낮은 가격을 강제하지 않는 한 소비자들, 특히 큰 건물에 있는 회사들에 재정적인 부담을 주게 될 것이다.

마지막으로, 콤팩트 형광등은 빛을 더 효과적으로 발하지만, 빛의 질은 더 낮다. 더 밝은 전등은 좋은 것이긴 하지만 이러한 빛이 사용하는 화학 물질들은 더 좁은 범위의 가시광선을 생산한다. 이 강한 빛은 그것을 사용하는 사람들을 자극하기 쉽다. 이는 전통적인 형광등이 종종 사람들의 눈을 아프게 하고 두통을 일으키는 것과 마찬가지이다.

Lecture Script

🎧 AT01

The author of this reading raised some valid concerns about compact fluorescent lights, but he seems to be using outdated information. When viewed objectively, CFLs are clearly the better product in every way, and they should be used to replace incandescent lamps as soon as possible.

The first point he raised is absolutely true. CFLs do contain mercury, about 3 to 5 milligrams per bulb; although, some newer eco-friendly versions have lowered that to about 1 milligram. However, the amount of mercury this would release into the environment is just a tiny fraction of what is pumped into the air by coal-fired power plants. With their increased efficiency, widespread use of CFLs would greatly reduce the overall amount of mercury that pollutes our air and water every year.

His second point about the high price is also true, but only on the surface of it. To produce the same light output as incandescent bulbs, CFLs use only 20 to 30 percent as much electricity. On top of that, they last from 8 to 15 times longer. So, if you do the math, they are actually much cheaper. Consumers would need to replace them far less often, and they would have lower electric bills as well. Not only that, but many are designed to fit into lamps manufactured for incandescent bulbs, so people can still use their old appliances.

이 지문의 저자는 콤팩트 형광등에 관해 몇 가지 타당한 우려를 표했지만, 오래된 정보를 사용하고 있는 것 같습니다. 객관적으로 봤을 때 콤팩트 형광등은 분명히 모든 면에서 더 나은 제품이고, 따라서 가능한 한 빨리 백열등을 대신해서 사용되어야 합니다.

그가 제시한 첫 번째 의견은 전적으로 사실입니다. 비록 최신 친환경 제품은 수은을 1mg 정도까지 낮추기는 했지만 콤팩트 형광등은 전구 한 개에 약 3~5mg의 수은을 함유하고 있습니다. 그러나 이로 인해 환경으로 배출되는 수은의 양은 화력 발전소에서 대기로 배출하는 양에 비하면 매우 적은 일부입니다. 개선된 효율성과 함께 콤팩트 형광등의 광범위한 사용은 매년 대기와 수질을 오염시키는 수은의 총량을 매우 감소시킬 것입니다.

높은 가격에 대한 저자의 두 번째 의견 역시 사실이지만, 그것은 겉으로 볼 때만 그렇습니다. 콤팩트 형광등은 백열등이 같은 빛을 내는 데 쓰는 전기의 약 20~30%만을 사용합니다. 게다가 8~15배 정도 더 오래 갑니다. 따라서 계산해 보면 콤팩트 형광등이 실제로 훨씬 더 저렴합니다. 소비자들은 전등을 교체하는 빈도수가 훨씬 줄어들 뿐 아니라 더 낮은 금액의 전기요금 청구서를 받게 될 것입니다. 그뿐 아니라 콤팩트 형광등은 백열등을 위해 만들어진 전등에 맞도록 제작되기 때문에 사람들은 원래 가지고 있던 기기들을 그대로 사용할 수 있습니다.

His third point was true when the bulbs were first being produced, but as he said, the technology is still advancing. The current blend of chemicals used in CFLs is far more pleasing to the eye. By increasing the variety of phosphorous bearing compounds, they emit more of the visible spectrum, producing a warmer, less harsh light.

저자의 세 번째 의견은 전구가 처음 생산되었을 때는 맞는 말이었지만, 그가 말했듯 이 기술은 여전히 발전하고 있습니다. 콤팩트 형광등에 사용되는 화학 물질의 현재 조합은 눈에 더욱 편안합니다. 인을 함유한 화합물을 훨씬 더 다양하게 만듦으로써 콤팩트 형광등은 더 많은 가시 스펙트럼을 발산하여 더 따뜻하고 덜 자극적인 빛을 생산합니다.

🔖 어휘

valid [adj] 타당한 | **outdated** [adj] 오래된 | **objectively** [adv] 객관적으로 | **eco-friendly** [adj] 친환경적인 | **fraction** [n] 일부, 부분 | **coal-fired power plant** 화력 발전소 | **appliance** [n] 기기 | **blend** [n] 혼합, 조합 | **pleasing** [adj] 기분 좋은, 만족스러운 | **phosphorous** [adj] 인을 함유한

Sample Summary

The reading and the lecture both talk about the positive and negative aspects of mandating the replacement of incandescent light bulbs with compact fluorescent bulbs. The reading proposes that this is a premature solution, but the lecture maintains that such a mandate is the best option.

Firstly, the reading points out that CFLs are dangerous because they contain mercury just like any other fluorescent light bulb. The lecturer admits that this is true, but goes on to point out that widespread use of them would reduce the overall amount of mercury released into the environment. This is because their efficiency would reduce the amount of coal burned for power, thereby reducing emission of mercury into the atmosphere.

Secondly, the reading contends that CFLs are too expensive and would place an unnecessary burden on consumers. Again, the lecturer concedes that they are expensive to purchase. However, he then explains that with their increased efficiency, longer life, and compatibility with incandescent light fixtures, they are actually far cheaper in the long term.

지문과 강의 둘 다 백열등을 콤팩트 형광등으로 교체하는 것을 강제하는 것의 긍정적 측면과 부정적 측면에 관해 이야기하고 있다. 지문은 이것이 시기상조의 해결책이라고 주장하지만, 강의에서는 그러한 지시가 최선의 선택이라고 주장한다.

첫째, 지문은 콤팩트 형광등이 다른 형광등과 마찬가지로 수은을 함유하고 있으므로 위험하다고 지적한다. 강의자는 이것이 사실이라고 인정하지만, 콤팩트 형광등의 광범위한 사용이 환경으로 유출되는 전체 수은의 양을 줄일 것이라고 지적한다. 이는 콤팩트 형광등의 효율성이 전기를 생산하기 위해 연소되는 석탄의 양을 감소시키고, 따라서 대기로의 수은 배출물을 줄이기 때문이다.

둘째, 지문은 콤팩트 형광등이 너무 비싸고 소비자들에게 불필요한 부담을 줄 것이라고 주장한다. 다시 한번 강의자는 그것이 구매하기에 비싸다는 것을 인정한다. 하지만 그는 효율 증대와 더 긴 수명, 백열등 조명 기구와의 호환성으로 콤팩트 형광등이 사실 장기적으로 훨씬 더 저렴하다고 설명한다.

Thirdly, the author complains that CFLs produce lower quality light than incandescent bulbs, which could cause health problems. The lecturer admits that this was initially true, but contends that the technology has advanced. The chemical mixture inside the bulbs has been improved and they now emit better quality light.

셋째, 저자는 콤팩트 형광등이 백열등보다 질이 더 낮은 빛을 내는데, 그것이 건강 문제를 야기할 수 있다고 불만을 표한다. 강의자는 이것이 초기에는 사실이었다는 것을 인정하지만 기술이 발전했다고 주장한다. 전구 안의 화학 혼합물이 개선되어 콤팩트 형광등은 현재 더 나은 질의 빛을 발산한다.

📑 어휘

replacement n 교체 | **premature** adj 시기상조의 | **point out** 지적하다 | **widespread** adj 광범위한 | **thereby** adv 그렇게 함으로써 | **emission** n 배출 | **concede** v 인정하다 | **compatibility** n 호환성 | **light fixture** 조명 기구

Question 2

Question

Do you agree or disagree with the following statement?

Because people spend so much of their time working, it is vital that they use their free time to engage in hobbies that are different from their work.

Use specific reasons and examples to support your answer.

당신은 다음 진술에 동의하는가, 아니면 동의하지 않는가?

사람들이 너무 많은 시간을 일하는 데 쓰기 때문에, 일과는 다른 취미에 여가 시간을 사용하는 것은 매우 중요하다.

구체적인 이유와 예시를 이용하여 답을 뒷받침하시오.

Sample Essay 동의

I agree with the idea that people should spend their free time engaging in hobbies that are different from their work. This is because they already spend so much of their time working, and repeating the same activity makes a person sick and tired of it. In addition, it is valuable to constantly challenge ourselves with something new in our lives.

나는 사람들이 그들의 일과 다른 취미 생활을 하면서 여가를 보내야 한다는 의견에 동의한다. 일을 하는 데 이미 너무 많은 시간을 쓰고 있고, 같은 일을 반복하다 보면 그 일에 싫증이 나게 되기 때문이다. 게다가 우리 삶에서 새로운 무언가에 스스로 도전을 계속하는 것은 가치 있는 일이다.

Firstly, if a person keeps doing what he already has been doing, he will get tired of it soon. For example, I have a friend who works at a computer game company. To test the games that he and his colleagues develop, and to study other companies' games, he plays computer games all day long. I told him that his job sounds very fun and exciting; but he said that since he spends so much time playing games, he doesn't play games in his free time. Instead, he retires to his room and reads books. It calms his mind and helps him build up energy that he needs for the next day.

Secondly, I think a person should try something different from their work in their free time. I think people never should stop learning to keep themselves motivated and lively. If a person learned and saw new things, his perspective would broaden and he would appreciate his life even more. For example, my brother started learning how to play the piano after he was finished with work. Since he started playing the instrument quite late, he was having a hard time with it. However, he is still having fun learning something new. It also helped him develop a new interest in classical music.

Doing something different from one's work can provide one with time to relax and to get rid of stress. It can also lead to new interests. For these reasons, I agree that it is important for people to spend their free time engaging in hobbies that are different from their work.

첫째, 만약 어떤 사람이 이미 하고 있던 일을 계속 하게 된다면 그는 곧 그 일에 권태를 느끼게 될 것이다. 예를 들어, 나에게는 컴퓨터 게임 회사에서 일하는 친구가 있다. 자신과 동료들이 개발하는 게임들을 테스트하기 위해, 그리고 다른 회사들의 게임을 연구하기 위해 내 친구는 온종일 컴퓨터 게임을 한다. 나는 그에게 그의 직업이 매우 재미있고 흥미로워 보인다고 말했지만 그는 게임을 하는 데 너무 많은 시간을 보내기 때문에 여가에는 게임을 하지 않는다고 말했다. 대신 그는 방에 들어가 책을 읽는다. 그것은 그의 마음을 진정시키고 다음 날 필요한 에너지를 만드는 것을 돕는다.

둘째, 나는 여가에 일이 아닌 다른 것을 시도해야 한다고 생각한다. 나는 사람들이 스스로에게 자극을 주고 활기차게 만들기 위해 배우는 것을 결코 멈추어서는 안 된다고 생각한다. 어떤 사람이 새로운 것을 배우거나 보게 되면 그의 시각은 넓어지고 자신의 삶을 더 감사하게 여길 것이다. 예를 들어, 나의 형은 퇴근 후에 피아노를 배우기 시작했다. 피아노 연주를 꽤 늦게 시작했기 때문에, 배우는 데 어려움을 겪었다. 하지만 여전히 새로운 것을 배우며 즐거움을 느낀다. 그것은 또한 그가 고전 음악에 새로운 흥미를 갖도록 도와주었다.

본인의 일과 다른 무언가를 하는 것은 휴식을 취하고 스트레스를 풀 시간을 준다. 또한 새로운 관심으로 이어질 수도 있다. 이러한 이유로 나는 사람들이 여가를 자기 일과 다른 취미 생활을 하는 데 보내는 것이 중요하다는 점에 동의한다.

🔑 어휘

engage in ~에 참여하다 ┃ **get tired of** ~에 권태를 느끼다 ┃ **colleague** ⓝ 동료 ┃ **all day long** 온종일 ┃ **retire to** ~로 물러가다 ┃ **build up** 형성하다 ┃ **perspective** ⓝ 시각, 관점 ┃ **appreciate** ⓥ 고마워하다, 진가를 알아보다

Sample Essay 동의하지 않음

I disagree with the idea that people should spend their free time engaging in hobbies that are different from their work because they already spend so much of their time working. This is because it is more efficient to do what they are already familiar with. Moreover, enjoying things related to their work allows them to gain more experience for their career.

Firstly, it is much easier for a person to concentrate on what he already knows. If he does something too different from his work, he will get tired soon and feel bored. Trying something different from work would seem exciting at first, but he will have hard time doing it because he is not used to it. It might become easier after some time, but it will take a long time. If he does something related to work, he will be able to enjoy it since it is what he is good at but is not work. He does not have to worry about projects, due dates, presentations, etc.

Secondly, I think enjoying hobbies related to one's work can help him develop his career even more. For example, I have a friend who works at a computer game company. To test the games that he and his colleagues develop, and to study other companies' games, he plays computer games all day long. However, for his free time, he still plays various games. He said that he plays games because he wants to have some inspiration for his work. It shows his responsibility and passion toward his career, and this will surely help him succeed in the future.

나는 사람들이 이미 일을 하는 데 너무 많은 시간을 쓰기 때문에 일과 다른 취미 생활을 하면서 여가를 보내야 한다는 의견에 동의하지 않는다. 이는 이미 익숙해져 있는 일을 하는 것이 더 효율적이기 때문이다. 또한, 자기 일과 관련된 것을 즐기면 경력을 위한 경험을 더 많이 쌓을 수 있다.

첫째, 사람은 자신이 이미 알고 있는 것에 집중하기가 훨씬 더 쉽다. 만약 자기 일과 너무 다른 것을 하게 되면 곧 지치고 지루해질 것이다. 자기 일과 다른 무언가를 시도해 보는 것은 처음에는 흥미로워 보일지 몰라도 익숙하지 않기 때문에 그것을 하는 데 어려움을 겪게 될 것이다. 시간이 좀 지나면 수월해질 수도 있지만, 오래 걸릴 것이다. 만약 일과 관련된 것을 하게 된다면 자신이 잘하는 것이지만 일은 아니기 때문에 즐길 수 있을 것이다. 프로젝트, 마감일, 발표 등에 대해 걱정할 필요가 없다.

둘째, 나는 자기 일과 관련된 취미를 즐기는 것이 자신의 경력을 더 발전시키는 데 도움이 되리라 생각한다. 예를 들어, 나에게는 컴퓨터 게임 회사에서 일하는 친구가 있다. 그 친구와 동료들이 개발하는 게임들을 테스트하기 위해, 그리고 다른 회사들의 게임을 연구하기 위해 내 친구는 온종일 컴퓨터 게임을 한다. 하지만 여가에 그는 여전히 다양한 게임을 한다. 그는 자기 일에 영감을 얻기 위해 게임을 한다고 말한다. 이는 그의 책임감과 경력에 대한 열정을 보여주며, 그가 훗날 성공하는 데 틀림없이 도움이 될 것이다.

Doing something similar to or related to one's work in one's free time can help that person enjoy it even more. It can also provide the person more opportunities for a successful career. For these reasons, I disagree that people should engage in hobbies that are different from their work in their free time.

여가에 자기 일과 유사하거나 관련이 있는 활동을 하는 것은 그 사람이 그것을 더 즐길 수 있도록 도와줄 수 있다. 이는 또한 성공적인 경력을 위한 더 많은 기회를 제공할 수 있다. 이러한 이유로, 나는 사람들이 여가에 자기 일과 다른 취미 생활을 해야 한다는 점에 동의하지 않는다.

어휘

related to ~와 관련된 | **concentrate on** ~에 집중하다 | **due date** 마감일 | **presentation** n 발표 | **inspiration** n 영감 | **responsibility** n 책임감 | **passion** n 열정

Actual Test 02

본서 | p. 66

Question 1

Reading Passage

Of all the sharks that swim in the oceans, none has such a distinct profile as the hammerhead shark. The hammer-shaped elongated head for which it is named makes it instantly recognizable, and it has invited speculation for centuries. Obviously, such a radical alteration in shape must be an adaptation, but for what purpose?

Due to the shape of their heads and their relatively small mouths, some have proposed that the hammer-shaped head is used as a weapon. Hammerheads typically hunt near the sea floor, and they could use their head to strike prey, slamming it into the ground. Indeed, some hammerheads have been observed holding their prey down while they devour it. A more normally shaped head would make this tactic difficult if not impossible to carry out.

The wide flat shape of the head may serve another physical purpose, which is acting as a kind of hydrofoil. Other species of shark are dedicated to moving in more or less a straight line once they begin a strike. However, hammerheads have been observed rapidly changing direction, and their head could be the reason. Much like the wings of an airplane, the head shape could provide lift in the water. This additional energy could easily be channeled into making sharper turns while pursuing prey.

바다에서 헤엄치는 모든 상어 중 귀상어처럼 특징적인 옆모습을 가진 상어는 없다. 이름이 말해주듯, 망치 모양의 길게 쭉 뻗은 머리는 즉시 그것을 알아보기 쉽게 해주며, 수 세기 동안 추측을 불러일으켰다. 그러한 생김새의 급격한 변화는 명백히 적응의 결과인데, 그렇다면 그 목적은 무엇일까?

머리 모양과 상대적으로 작은 입 때문에 어떤 사람들은 망치 모양의 머리가 무기로 사용된다고 주장한다. 귀상어들은 전형적으로 해저 가까이에서 사냥을 하며, 머리를 사용하여 먹이를 쳐서 땅으로 처박는다. 실제로 어떤 귀상어들은 먹이를 먹는 동안 먹이를 거꾸로 잡은 모습이 관찰되기도 했다. 좀 더 평범한 모양의 머리였다면 불가능하진 않지만 이 전략을 시행하기 힘들었을 것이다.

넓고 납작한 모양의 머리는 또 다른 신체적인 기능을 하는데, 일종의 수중익선 역할을 하는 것이다. 다른 종들의 상어는 일단 가격을 시작하고 나면 직선으로 움직이는 데 전념한다. 하지만 귀상어는 급격하게 방향을 바꾸는 것이 목격되었으며, 이들의 머리가 그 이유일 수 있다. 비행기의 날개처럼 머리 모양은 물속에서 양력을 제공한다. 이러한 추가적인 에너지로 먹이를 쫓는 동안 더욱 재빠르게 방향을 틀 수 있게 된다.

The hammer shape may also serve the purpose of increasing their sensory ability. Like most species of shark, hammerheads have electro-sensory organs located on the underside of their snouts. These sensitive organs allow them to detect the faint electrical signals that all animals emit, allowing the sharks to track their prey more easily. The increased number of sensory organs would compensate for the limited field of vision their eye placement would cause.

망치 모양은 또한 감각 능력을 증가하는 목적에 알맞다. 대부분의 상어와 마찬가지로 귀상어는 주둥이 아래쪽에 위치한 전기 지각 기관을 가지고 있다. 이러한 민감한 기관은 모든 동물이 방출하는 흐릿한 전기 신호를 감지할 수 있게 하여 상어가 먹이를 더욱 쉽게 추적할 수 있도록 해준다. 더 많아진 감각 기관은 눈 위치 때문에 야기되는 제한된 시야를 보완해줄 것이다.

🔖 어휘

profile n 옆모습 | **hammerhead shark** 귀상어 | **elongated** adj 가늘고 긴 | **speculation** n 추측 | **alteration** n 변화 | **adaptation** n 적응 | **slam** v 세게 던지다 | **devour** v 걸신 들린 듯 먹다 | **hydrofoil** n 수중익선 | **lift** n 양력 | **channel** v 돌리다, 쏟다 | **electro-sensory** adj 전기 지각의 | **snout** n 코, 주둥이 | **compensate for** 보상하다, 보완하다

Lecture Script

 AT02

In yesterday's reading assignment, you were presented with three theories that have been suggested to explain the unique head shape for which hammerhead sharks are named. All of these theories have received a good deal of support over the years; however, they do not stand up to closer scrutiny.

Firstly, the author explains that the sharks may use their hammer-shaped heads as a weapon, and cites an example of just such behavior. However, the incidents he is referring to involve only one out of the nine total species of hammerheads: the great hammerhead. These sharks have a heavy, flat head which allows them to attack and pin their favorite prey, stingrays. However, the other eight species have smaller, often more angled heads that would be ill-suited to this technique. Therefore, this theory only applies to a further adaptation for one species, and does not explain the overall evolution of hammerheads.

어제 읽기 과제에서 여러분들은 귀상어에게 그 이름을 갖게 한 독특한 머리 모양을 설명하기 위해 제안된 세 가지 이론을 접했을 겁니다. 이 세 가지 이론은 모두 수년 동안 많은 지지를 받아온 것들이지만 그것들은 자세히 살펴보면 허점이 드러납니다.

첫째로, 저자는 상어가 망치 모양의 머리를 무기로 사용할지도 모른다고 설명하며 그러한 행동의 한 예를 들고 있습니다. 하지만 그가 언급한 사례들은 전체 아홉 종의 귀상어 중 오직 한 종, 그레이트 해머헤드에만 해당합니다. 이 상어는 무겁고 납작한 머리를 가지고 있으며 이는 그들이 가장 좋아하는 먹이인 가오리를 공격하여 꼼짝 못 하게 해줍니다. 하지만 다른 여덟 종의 상어들은 작고 종종 더 각진 머리를 가지고 있는데 이는 이러한 기술에 적합하지 않습니다. 그러므로 이 이론은 오직 한 종의 심화된 적응에만 적용될 뿐이며, 귀상어의 전반적인 진화를 설명하지는 않습니다.

Next, he discusses the possibility that their head shape may improve their maneuverability. While they definitely change direction more rapidly than other species, hammerheads do not owe this ability to their head shape. In fact, dissection has revealed that they owe their maneuverability to their neck structure. Hammerheads have a more flexible spine and unique musculature in their necks which allow them to bend their bodies and turn much faster.

Finally, he mentions a theory that proposes that their head shape allows them to have better sensory perception. While it is true that they have more widely spaced electro-sensory organs, an even greater benefit comes from their eye placement. He says that having eyes located at the ends of the hammer limits the sharks' vision. However, experiments have disproven this utterly. In fact, the eyes give the shark full 360 degree vertical vision. Not only that, but the eyes are angled forward, which gives them an overlap of 48 degrees in their binocular vision, which is far superior to the 10 degrees observed in sharks with conventionally shaped heads.

다음으로, 저자는 귀상어의 머리 모양이 기동력을 향상해준다는 가능성에 대해 논하고 있습니다. 그들이 확실히 다른 종보다는 방향을 급속하게 바꿀 수 있기는 하지만, 귀상어의 이러한 능력은 그들의 머리 모양 때문에 비롯된 것이 아닙니다. 사실 해부를 해본 결과, 그들의 기동력은 목의 구조 때문에 나오는 것이었습니다. 귀상어는 목에 더욱 유연한 척추와 독특한 근육 조직을 가지고 있어 몸을 구부리고 훨씬 더 빠르게 방향을 틀 수 있게 해줍니다.

마지막으로, 저자는 귀상어의 머리 모양이 더 좋은 감각 인지력을 갖도록 해주었다고 주장하는 이론을 언급합니다. 귀상어에게 전기 지각 기관이 더 넓게 분포되어 있다는 것은 사실이지만, 훨씬 더 큰 이점은 눈의 위치에서 옵니다. 저자는 귀상어의 눈이 망치 모양 머리의 끝에 있는 것이 상어의 시야를 제한한다고 했습니다. 하지만 실험에 의해 이것이 완전히 틀렸다는 것이 증명되었습니다. 실제로 그들의 눈은 상어에게 완벽한 360도 수직 시야를 제공합니다. 그뿐 아니라 눈이 앞쪽을 향하고 있어서 이로 인해 쌍안시에서 48도의 겹치는 부분이 생기는데, 이는 전통적인 모양의 머리를 가진 상어들에게서 관찰되는 10도보다 훨씬 더 우수합니다.

📑 어휘

assignment [n] 과제 | **stand up to** ~에 맞서다, 저항하다 | **scrutiny** [n] 철저한 검토 | **pin** [v] 꼼짝 못하게 하다 | **ill-suited** [adj] 어울리지 않는 | **maneuverability** [n] 기동성 | **dissection** [n] 해부 | **musculature** [n] 근육 조직 | **utterly** [adv] 완전히 | **vertical** [adj] 수직의 | **angled** [adj] 각이 진, 치우친 | **binocular vision** 쌍안시 (두 눈으로 보는 시력)

The reading passage provides three theories that have been commonly quoted to explain the reason for the hammerhead shark's unique head shape.

The first theory suggests that the shark's head has evolved into such a shape to maximize its effectiveness as a bludgeoning weapon. The passage states that hammerhead sharks use their head to pin down their prey. However, the lecturer points out that only the great hammerhead shark—one out of nine species of hammerhead—uses its head to strike its prey in that manner. Therefore, the first theory doesn't provide an explanation that encompasses all hammerhead species.

The second theory mentioned in the reading passage states that the unique head shape allows hammerhead sharks to change directions faster. While the lecturer does concede that hammerhead sharks are known to change directions more fluidly and rapidly than other sharks, he contends that the factor that allows for this increased maneuverability is not the head shape. Rather, it is the hammerhead's neck structure. Hammerheads have a more flexible spine, which allows them to change directions faster.

Lastly, the author of the reading passage states that the unique head shape allows hammerheads to be extremely sensitive to electro-sensory signals. This heightened sensitivity allows hammerheads to track down prey more easily. This also compensates for hammerhead's limited field of vision due to their eye placement. However, the lecturer contradicts this by saying that the hammerhead's eye placement actually allows for full 360 degree vertical vision. This is definitely an advantage, not a limitation.

읽기 지문은 귀상어의 독특한 머리 모양에 대한 이유를 설명하는 데 흔히 인용되는 세 가지 이론을 제시한다.

첫 번째 이론은 상어의 머리가 때리는 무기로서의 효율성을 극대화하기 위해 그러한 모양으로 진화한 것이라고 주장한다. 지문에서는 귀상어가 머리를 사용하여 먹이를 꼼짝 못 하게 한다고 설명한다. 하지만 강의자는 아홉 종의 귀상어 중 오직 한 종인 그레이트 해머헤드만 이러한 방식으로 머리를 사용하여 먹이를 가격한다고 지적하고 있다. 그러므로 첫 번째 이론은 모든 귀상어 종에 해당하는 설명을 제공하지 못한다.

읽기 지문에서 언급된 두 번째 이론은 독특한 머리 모양이 귀상어가 방향을 더 빠르게 전환하게 해준다고 설명한다. 강의자는 귀상어가 다른 상어들보다 더욱더 유동적이고 빠르게 방향을 전환하는 것으로 알려졌다는 것은 인정하지만, 이러한 향상된 기동력을 가능하게 하는 요소는 그들의 머리 모양이 아니라고 주장한다. 오히려 그것은 귀상어의 목 구조이다. 귀상어는 더 유연한 척추를 가지고 있어서 방향을 더 빠르게 전환할 수 있는 것이다.

마지막으로, 읽기 지문의 저자는 독특한 머리 모양으로 인해 귀상어가 전기 지각 신호에 극도로 예민하다고 설명한다. 이 강화된 민감성은 귀상어가 먹이를 더욱 쉽게 찾아낼 수 있게 해준다. 이것은 또한 눈의 위치로 인해 발생하는 귀상어의 한정된 시야를 보완해 준다. 하지만 강의자는 귀상어의 눈의 위치가 사실상 완벽한 360도 수직 시야를 가능하게 해준다고 설명하며 이를 반박한다. 이것은 분명히 한계가 아니라 이점이다.

Question 2

Question

Do you agree or disagree with the following statement?

When assigned a project by their teacher, students work better in groups than they do individually.

Use specific reasons and examples to support your answer.

당신은 다음 진술에 동의하는가, 아니면 동의하지 않는가?

교사에게서 과제를 받았을 때 학생들은 개인적으로 하는 것보다 그룹으로 할 때 더 잘 해낸다.

구체적인 이유와 예시를 이용하여 답을 뒷받침하시오.

Sample Essay 동의

I agree that when assigned a project by their teacher, students work better in groups than they do individually. This is because the students are able to come up with more ideas when in a group, and the students can cover one another's weaknesses and maximize their strengths.

Firstly, when students work together in groups, their brainstorming sessions are much more productive. As an old saying goes, more heads are better than one. People with diverse backgrounds and various life experiences can contribute their unique perspectives to their group. This will result in an end-product that is much more comprehensive than what could be produced by a single individual. For example, when I was working on a group project in college that was aimed at tackling urban poverty, each group member provided diverse perspectives. Some had experienced poverty when young, some had experience volunteering in soup kitchens, some

나는 교사에게서 과제를 받았을 때 학생들이 개인적으로 하는 것보다 그룹으로 할 때 더 잘 해낸다는 것에 동의한다. 이는 학생들이 그룹으로 할 때 더 많은 아이디어를 떠올릴 수 있고, 학생들이 서로의 약점을 보완하며 장점을 극대화할 수 있기 때문이다.

첫째, 학생들이 그룹으로 함께 과제를 하면 브레인스토밍 시간이 훨씬 더 생산적이다. 옛말처럼 백지장도 맞들면 낫다. 다양한 배경과 여러 가지 삶의 경험을 가진 사람들은 자신들의 독특한 시각으로 그룹에 이바지할 수 있다. 이는 한 개인이 만들어낼 수 있는 것보다 훨씬 더 포괄적인 최종 산출물로 이어질 것이다. 예를 들어, 내가 대학에서 도시 빈곤 해결을 목적으로 하는 그룹 프로젝트를 하고 있었을 때, 그룹의 각 구성원이 다양한 시각을 제공했다. 어떤 사람들은 어렸을 때 가난을 경험했고, 어떤 이들은 무료 급식소에서 자원봉사를 한 경험이 있었으며, 공공 정책을 전공으로 하는 사람들도 있었다. 머리를 맞대고 상의를 하면서 우리는 함께 했을 때의 능력이 우리 각자 노력의 총합보다 더 크다

were majoring in public policy, etc. As we put our heads together, we realized our ability was greater than the sum of our individual efforts.

Secondly, every person has his or her own strengths and weaknesses. When working on a project alone, a person quickly feels what they lack. When working in a group, however, one person's weakness is easily covered by another person's strength. There is less pressure to do something one is not particularly skilled at because there is always someone else in the group that does that task better. For instance, during the urban poverty group project, some members were good at organizing and analyzing data. Others were skilled at getting people to sign petitions and make donations. Others were good writers who created the outline for our research paper. By maximizing on the strengths of each individual in our group, we were able to delegate tasks appropriately, with each person doing what they did best.

Working in a group creates opportunities for students to learn from one another, and the results of that mutual progress are usually seen in the final product. For these reasons, I agree that students work better in groups than they do individually when assigned a project by their teacher.

는 것을 깨달았다.

둘째, 모든 사람에게는 장단점이 있다. 개인은 혼자서 과제를 할 때, 곧 자신의 부족한 점을 느끼게 된다. 하지만 그룹으로 할 때 한 개인의 약점은 다른 사람의 장점으로 쉽게 가려진다. 그룹에는 항상 어떤 일을 더 잘하는 다른 누군가가 존재하기 때문에 우리가 특별히 잘하지 못 하는 일을 해야 한다는 압박이 더 적다. 예를 들면, 도시 빈곤 그룹 프로젝트를 하는 동안 어떤 학생들은 데이터 정리와 분석을 잘했다. 또 다른 학생들은 사람들을 탄원서에 서명하게 하고 기부하게 하는 것에 능력이 있었다. 다른 학생들은 글을 잘 써서 과제 보고서의 개요를 잡았다. 우리 그룹의 각 개인의 장점을 극대화함으로써 우리는 각자가 가장 잘하는 일을 하면서 과제를 적절히 나눌 수 있었다.

그룹으로 과제를 하는 것은 학생들이 서로에게 배우는 기회들을 만들어 내고, 그러한 상호 발전의 결과는 보통 최종 산출물에서 드러난다. 이러한 이유로, 나는 교사에게서 과제를 받았을 때 학생들이 개인적으로 하는 것보다 그룹으로 할 때 더 잘 해낸다는 것에 동의한다.

📘 어휘

come up with 떠올리다, 내놓다 Ⅰ **session** n 시간, 기간 Ⅰ **old saying** 옛말, 속담 Ⅰ **end-product** n 최종 산출물 Ⅰ **comprehensive** adj 포괄적인 Ⅰ **tackle** v (힘든 문제와) 씨름하다 Ⅰ **soup kitchen** 무료 급식소 Ⅰ **put one's heads together** 함께 머리를 맞대고 상의하다 Ⅰ **petition** n 탄원서 Ⅰ **make donations** 기부를 하다 Ⅰ **delegate** v 위임하다 Ⅰ **mutual progress** 상호 발전

I do not think that when assigned a project by their teacher, students work better in groups than they do individually. Rather, they perform better individually because it is easier to keep consistency and it is more time-efficient.

Firstly, when working on a project by themselves, they are able to carry it in the direction that they want. Sometimes, it is easy for a group project to lose its voice because it becomes a combination of each person's efforts to please everyone else. When working individually, the decision–making process is not complicated because one doesn't have to listen to other group members' opinions, which may differ greatly from one's own, or compromise on things to find a solution. They are able to carry out tasks in a way that suits them. When working on a project alone, it is easier to stay consistent from the initial planning stage to the final production process. Because one person was in charge of seeing the project come to fruition, the author's intention stays coherent and clear.

Secondly, working on a project individually is much more efficient than working together in groups. When working together in a group with other students who each have different class schedules and commitments, it is hard to hold a meeting with everyone present. Trying to find a meeting place and time that will suit everyone is difficult, and the process usually creates a lot of stress for everyone involved. Also, when someone misses a meeting, he or she usually has to be filled in by another person, which creates another unnecessary, time-consuming task. Also, different people may have different levels of commitment to the group, which means a few people may be doing bulk of the work. For instance, when in college, I recall staying up two nights in a row trying to finish up a part of a group project that was actually someone else's responsibility.

나는 교사에게서 과제를 받았을 때 학생들이 개인적으로 하는 것보다 그룹으로 할 때 더 잘 해낸다고 생각하지 않는다. 오히려 학생들은 일관성을 유지하기 더 쉽고 시간 면에서 더 효율적이기 때문에 개인적으로 과제를 더 잘 수행한다.

첫째, 혼자 프로젝트를 하면 학생들은 자신들이 원하는 방향으로 일을 진행할 수 있다. 때로 그룹 프로젝트는 모두를 만족시키려는 개개인의 노력이 결합하기 때문에 고유의 목소리를 잃기 쉽다. 개인적으로 일을 하면 자신의 의견과 크게 다를 수 있는 다른 사람들의 의견을 들을 필요가 없고, 해결책을 찾기 위해 이것저것 타협을 하지 않아도 되기 때문에 의사 결정 과정이 복잡하지 않다. 학생들은 본인에게 맞는 방법으로 과제를 수행할 수 있다. 혼자 프로젝트를 하면 초기의 기획 단계부터 마지막의 산출 과정까지 일관성을 유지하기 더 쉽다. 이 프로젝트가 결실을 보게 되는 것을 한 사람이 책임지기 때문에 만드는 사람의 의도가 일관되고 명확하게 유지된다.

둘째, 개인적으로 프로젝트를 하는 것은 그룹으로 함께 하는 것보다 훨씬 더 효율적이다. 각각 다른 수업 일정과 약속이 있는 학생들이 함께 그룹으로 일을 하면 모두가 참석하는 모임을 하는 것이 어렵다. 모두에게 맞는 모임 장소와 시간을 정하려 노력하는 것은 어렵고, 그러한 과정은 보통 관련된 모든 사람에게 많은 스트레스를 준다. 또한, 누군가 모임에 못 나오면 보통 다른 사람이 빠진 사람을 대신해야 하는데, 그것은 또 다른 불필요하고 시간 소모적인 일을 만드는 것이 된다. 또한, 각자 그룹에 대한 헌신의 정도가 다를 수 있는데 이는 소수의 사람만 일의 대부분을 할 수도 있다는 의미다. 예를 들면, 대학에 다닐 때 나는 실제로 다른 사람의 책임이었던 그룹 프로젝트의 일부분을 끝내기 위해 이틀을 연달아 밤을 새운 적이 있었다.

Working on group projects can be fun and is not without its advantages. But because there are far more disadvantages than advantages to working in groups, I disagree with the statement that when assigned a project by their teacher, students work better in groups than they do individually.

그룹 프로젝트를 하는 것은 재미있을 수도 있고 장점이 없는 것은 아니다. 하지만 그룹으로 과제를 하는 것에는 장점보다 단점이 훨씬 더 많으므로 나는 교사에게서 과제를 부여받았을 때, 학생들이 개인적으로 하는 것보다는 그룹으로 할 때 더 잘 해낸다는 진술에 동의하지 않는다.

📖 어휘

decision-making n 의사 결정 | **compromise** v 타협하다 | **carry out** 수행하다 | **consistent** adj 일관된, 한결 같은 | **initial** adj 초기의 | **in charge of** ~을 책임지는 | **come to fruition** 달성되다, 결실을 맺다 | **coherent** adj 일관성 있는 | **commitment** n 약속, 헌신 | **time-consuming** adj 시간 소모적인 | **bulk of** 대부분의 | **in a row** 연달아, 계속해서

Actual Test 03

본서 | p. 70

Question 1

Reading Passage

Over the past few centuries, people have found over 400 carved stone balls scattered around Scotland, with the majority found in Aberdeenshire. These balls have common characteristics that point to them having been made by the same stone age culture. However, scientists and historians have been unable to discern their purpose, though there are many theories.

One of the dominant theories is that they served as symbols of status or power. Orbs have long been considered symbols of kings, partly due to the difficulty of their manufacture. These stones would have been particularly difficult to produce, with estimates ranging from 50 to 100 hours of labor depending on the material used. The stones may have been mounted upon decorated handles, creating an object much like a king's scepter.

These stones may also have been used as weapons. Also found throughout Scotland are carved stone mace heads, and these may be another form of them. Alternatively, they could have been attached to strings and used for fighting or hunting. A weight on a string can be swung with deadly accuracy and speed. Or, a few could have been tied together to make a weapon like the bolas, which is spun and then thrown to entangle an animal's legs.

지난 몇 세기에 걸쳐서 사람들은 400개가 넘는 조각된 둥근 돌들이 스코틀랜드 주변에 흩어져 있는 것을 발견했고, 대다수는 애버딘셔 주변에서 발견되었다. 이런 돌들은 같은 석기 시대 문화에서 만들어졌다는 것을 가리키는 공통의 특징을 갖고 있다. 하지만 많은 이론이 있음에도 과학자들과 역사학자들은 이 돌들의 용도를 파악하지 못하고 있다.

가장 유력한 이론 중 하나는 그것들이 지위나 권위의 상징 역할을 했다는 것이다. 구체들은 제작이 어렵기 때문에 오랫동안 왕들의 상징으로 여겨져 왔다. 이 둥근 돌들은 사용된 재료에 따라서 50~100시간의 노동으로 생산됐을 거라고 추정되므로 제작하기가 특히 어려웠을 것이다. 이 돌들은 장식된 손잡이 위에 올려져서 왕의 홀과 같은 물건으로 만들어졌을 수도 있었다.

이 돌들은 무기로도 사용되었을 수 있다. 스코틀랜드 전 지역에서 또한 발견된 것은 조각된 돌 철퇴의 머리 부분이며, 이 돌들은 철퇴의 또 다른 형태일 수도 있다. 아니면 그것들은 끈에 달아서 싸움이나 사냥에 사용되었을 수 있다. 끈에 달린 추는 아주 정확하고 신속하게 휘둘러질 수 있다. 혹은 몇 개를 같이 묶어서, 휘둘러 던져 짐승의 다리를 옭아매는 볼라와 같은 무기로 만들어졌을 수 있다.

Another theory suggests a much more practical purpose. These stones could have been used for measuring trade goods. Because of their fairly uniform diameter, they could be placed on one end of a scale to measure grain or other goods sold by weight. Alternatively, they could have been used as currency. Stones have been used as currency in many cultures around the world. Most trade in Scotland was usually conducted using barter, but some trade goods were inconvenient to transport before they were purchased.

또 다른 이론은 훨씬 더 실용적인 용도를 제안한다. 이 돌들은 무역품들을 계량하는 데 사용되었을 수 있다. 비교적 균일한 지름 때문에 그것들은 저울 한 쪽 끝에 달아서 무게로 판매하는 곡물이나 다른 물품들을 계량하는 데 사용되었을 수 있다. 아니면 그것들은 화폐로 사용되었을 수 있다. 돌은 세계의 많은 문화에서 화폐로 사용되어 왔다. 스코틀랜드에서 대부분의 무역은 보통 물물교환으로 이루어졌지만, 어떤 무역품들은 판매되기 전에 운반하기 불편한 것들이 있었다.

📖 어휘

stone age 석기 시대 I **discern** ⓥ 파악하다 I **status** ⓝ 지위 I **orb** ⓝ 구 I **estimate** ⓝ 추정(치) I **mount** ⓥ 오르다, 고정시키다 I **scepter** ⓝ (제왕의 상징으로서의) 홀 I **mace** ⓝ 철퇴 I **alternatively** adv 그렇지 않으면 I **weight** ⓝ 추, 무게 I **deadly** adj 치명적인, 극도의 I **bola** ⓝ 볼라(끝에 쇳덩이가 달린 올가미) I **entangle** ⓥ 얽어매다 I **trade goods** 무역품 I **uniform** adj 균일한 I **diameter** ⓝ 지름, 직경

Lecture Script

🎧 AT03

While the reading does a good job of describing the stone balls found throughout Scotland, the hypotheses it puts forth to explain their purpose don't stand up to examination. The stones remain a mystery to scientists and historians, but the reasons stated in the text are far from adequate.

The reading first suggests that the stones could have served a decorative purpose, particularly as a symbol of status or power. However, a simple observation refutes this idea. Like many other ancient cultures, the Neolithic inhabitants of the British Isles buried their dead with their possessions, especially ones that were decorative or showed their social status. Surely, if these orbs were symbols of power and rank, then some of them would have been found in graves, but none of them have. This means that they most likely served some other purpose.

지문은 스코틀랜드 전 지역에서 발견된 둥근 돌들에 대해 잘 묘사하고 있는 반면에, 그것들의 용도를 설명하기 위해 제시한 가설들은 검토할 만한 것이 못 됩니다. 이 돌들은 과학자들과 역사학자들에게 수수께끼로 남아 있지만, 글에 제시된 이유는 전혀 적합하지 않습니다.

지문은 먼저 그 돌들이 장식의 용도로, 특히 지위나 권위의 상징으로 사용되었을 수 있다고 말합니다. 하지만 간단한 관찰만으로도 이 생각을 반박할 수 있습니다. 다른 고대 문화들과 같이 영국 제도의 신석기 시대 거주민들은 죽은 자들을 그들의 소유물, 특히 장식된 것이나 그들의 사회적 지위를 보여주는 것들과 함께 묻었습니다. 만일 이 구체들이 권위와 지위의 상징이었다면 분명히 몇 개는 무덤에서 발견되었을 텐데 하나도 발견되지 않았습니다. 이것은 그것들이 다른 용도로 사용되었다는 것을 의미합니다.

The reading next suggests that they may have been used as weapons or hunting tools. Now keep in mind, I am not denying that they could have been effectively employed in such roles. Indeed, the article mentions maces and bolas, which are both effective weapons made with similar sized stones. However, those stones always bear telltale marks from impacts. Look at any known weapon that has seen use and you will find such marks, but these stones lack them.

The final hypothesis the reading mentioned is the possibility that the stones may have served an economic purpose as either scale weights or actual currency. However, the balls were made from various kinds of stone. This immediately disqualifies them as scale weights because stones like greenstone, sandstone and quartzite have different weights even at the same exact size. The argument against their use as currency is equally simple. These stone balls were almost exclusively found by themselves, but if they acted as currency then people would have collected them. We usually find ancient coins in hoards, but these have never been found in large groups.

지문은 다음으로 이것들이 무기나 사냥 도구로 사용되었을 수도 있다고 제안합니다. 이건 알아두세요, 그것들이 그러한 역할에 효과적으로 활용되었을 수 있다는 것을 부인하는 것은 아닙니다. 실제로 지문에서는 비슷한 크기의 돌로 만들어진 효과적인 무기인 철퇴와 볼라를 언급합니다. 하지만 이 돌들은 충격에서 비롯된 숨길 수 없는 자국을 항상 지니고 있습니다. 한 번이라도 사용된 무기를 보면 그러한 자국을 볼 수 있지만, 이 돌들은 그런 자국을 갖고 있지 않습니다.

지문에서 언급된 마지막 가설은 이 돌들이 저울추 또는 실제 화폐로서 경제적인 목적으로 사용되었을 가능성입니다. 그러나 그 구체들은 다양한 종류의 돌들로 만들어졌습니다. 이것은 저울추로 사용되었을 가능성을 즉시 탈락시키는데, 왜냐하면 녹암, 사암과 규암과 같은 돌들은 정확히 같은 크기더라도 무게가 다르기 때문입니다. 그것들이 화폐로 사용되었을 거라는 것을 반박하는 것도 동일하게 간단합니다. 이 둥근 돌들은 거의 항상 따로 발견되었는데, 만일 화폐로 활용되었다면 사람들은 그것들을 모았을 겁니다. 우리는 보통 고대 동전을 무더기로 발견하는데 이것들은 대규모로 발견된 적이 한 번도 없었습니다.

🔲 어휘

hypothesis n 가설 ‖ **remain a mystery** 수수께끼로 남다 ‖ **refute** v 반박하다 ‖ **Neolithic** adj 신석기 시대의 ‖ **British Isles** 영국 제도 ‖ **rank** n 지위, 계급 ‖ **keep in mind** 명심하다, 기억하다 ‖ **telltale** adj 숨길 수 없는 ‖ **disqualify** v 자격을 박탈하다 ‖ **greenstone** n 녹암 ‖ **sandstone** n 사암 ‖ **quartzite** n 규암 ‖ **exclusively** adv 전적으로, 배타적으로 ‖ **in hoards** 무더기로

Both the reading and lecture discuss theories about the purpose of carved stones found in Scotland. While the reading provides three theories about the purpose of the orbs, the lecture argues that they don't stand up to examination.

The first theory that the reading puts forth is that these stones were symbols of power or status, much like a king's scepter. However, the lecturer points out that no such orbs were found in graves. Since the Neolithic inhabitants of the British Isles buried their dead with prized possessions or artifacts that indicated their social rank, these carved stone balls cannot have been symbols of status.

Next, the passage suggests that these orbs may have been weapons, illustrating how they could have been utilized as weapons similar to maces or bolas. While the lecturer agrees that maces and bolas were indeed made with similar sized stones, the lack of impact marks that are typically evident in any weapon that has seen use casts doubt on this theory.

Lastly, the reading hypothesizes that the stones could have been utilized as scale weights or currency. The lecturer disputes this theory by pointing out that the weight differences of the stones render them unsuitable to be used as scale weights. The lecturer also observes that the stones were found exclusively by themselves and not in large groups, the way ancient coins have been discovered, so she says that it is difficult to see how these stones could have been used as currency.

지문과 강의는 둘 다 스코틀랜드에서 발견된 조각된 돌들의 용도에 대한 이론들에 대해 논의한다. 지문에서 이 구체들의 용도에 대한 세 가지의 이론을 제공했지만, 강의에서는 그것들은 조사하면 허점이 드러난다고 주장한다.

지문이 제시하는 첫 번째 이론은 그 돌들이 왕의 홀과 같이 권위나 지위의 상징들이었다는 것이다. 그러나 강의자는 그러한 구체들이 무덤에서 발견된 적이 없다는 것을 지적한다. 영국 제도의 신석기 시대 거주민들은 죽은 자를 그의 사회적 지위를 표시하는 가치 있는 소유물들이나 공예품들과 함께 묻었기 때문에, 이 조각된 둥근 돌들은 지위의 상징이었다고 할 수 없다.

다음으로, 지문은 이 구체들이 무기였을 수 있다고 말하며 그것들이 어떻게 철퇴나 볼라와 비슷한 무기로 활용되었을 수 있는지 묘사한다. 강의자는 철퇴와 볼라가 실제로 비슷한 크기의 돌들로 만들어졌다는 것에 동의하지만, 사용된 어느 무기에나 흔히 나타나는 충격 자국이 없다는 것은 이 이론에 의구심을 제기한다.

마지막으로, 지문은 이 돌들이 저울추나 화폐로 활용되었을 수 있다는 가설을 제기한다. 강의자는 돌들의 무게 차이로 인해 그것들이 저울추로 사용되기에 부적합하다는 것을 지적하면서 이 이론을 반박한다. 강의자는 또한 고대 동전이 더미로 발견된 것과는 다르게 이 돌들은 항상 따로 발견되었다는 것을 주시하며, 이 돌들이 화폐로 사용되었다고 보기 어렵다고 말한다.

📖 어휘

prized adj 가치 있는, 소중한 | **indicate** v 나타내다 | **impact** n 충돌, 충격 | **hypothesize** v 가설을 세우다 | **dispute** v 반박하다 | **render** v (어떤 상태가 되게) 만들다

Question 2

Do you agree or disagree with the following statement?

The ability to accept responsibility for one's mistakes is the most important quality a leader can possess.

Use specific reasons and examples to support your answer.

당신은 다음 진술에 동의하는가, 아니면 동의하지 않는가?

실수에 대한 책임을 지는 능력은 리더가 가질 수 있는 가장 중요한 자질이다.

구체적인 이유와 예시를 이용하여 답을 뒷받침하시오.

Sample Essay 동의

I agree that the ability to accept responsibility for one's mistakes is the most important quality a leader can possess. This is because rectifying his or her faults shows that a leader is both honest and humble. These virtues are generally considered requirements to be a good leader.

Firstly, accepting responsibility for one's mistakes is a mark of honesty. A true leader leads by example. By being honest in admitting his fault, he is also sending out a message to his group members to do the same. A leader who does not step out and accept responsibility for his actions, but is busy covering up his trail, is a leader that puts his own interest first. That will eventually lead the group to a point beyond recovery. For instance, we see this in the collapse of Enron. Members of the group saw their leader being dishonest and not accepting responsibility for his actions, so they acted likewise. Being motivated by a leader who has set an ethical standard, there will be little room for corruption or any unethical behavior.

나는 실수에 대한 책임을 지는 능력은 리더가 가질 수 있는 가장 중요한 자질이라는 것에 동의한다. 이는 자신의 잘못을 바로잡는 행동을 통해 리더가 정직하고 겸손하다는 것을 보여줄 수 있기 때문이다. 이런 덕목들은 흔히 훌륭한 리더가 되기 위한 요건이라고 여겨진다.

첫째, 자신의 실수에 대한 책임을 지는 것은 정직함의 표시이다. 진정한 리더는 솔선수범한다. 자신의 잘못을 인정하는 데 정직해짐으로써 그는 또한 구성원들에게 똑같이 하라는 메시지를 보낸다. 자신의 행동에 관해 앞으로 나서서 책임을 지지 않고 실수를 덮기 바쁜 리더는 자신의 이익을 앞세우는 리더이다. 이는 결국 그룹을 회복할 수 없는 지점으로 몰고 갈 것이다. 예를 들면, 우리는 이를 엔론 사의 붕괴에서 볼 수 있다. 그룹 구성원들은 자신들의 리더를 부정직하고 자기 행위에 책임을 지지 않는 리더로 보았고 그들도 똑같이 행동했다. 윤리적 기준을 세운 리더로부터 동기부여를 받게 되면 부패나 비윤리적인 행동을 저지를 여지가 적어질 것이다.

Secondly, the act of owning up reveals the leader's humility. It shows that the leader does not consider himself to be beyond accountability or correction. By being able to accept responsibility for his mistakes, the leader shows his willingness to receive criticism from both inside and outside the group, and his willingness to face whatever consequences may result from his actions. For example, two years ago, the mayor in my city came out publicly to confess his involvement in a fraud scandal. Together with his confession, he stepped down from public office and voluntarily underwent investigations. Although he was found guilty, his actions only served to improve his public image because the public regarded his actions as those befitting a true leader.

A leader can enjoy wielding a lot of power, but one must also display honesty and humility. For these reasons, I agree that the ability to accept responsibility for one's mistakes is the most important quality a leader can possess.

둘째, 잘못을 인정하는 행위는 리더의 겸손함을 드러낸다. 그것은 리더가 자신을 무엇을 책임지거나 시정하지 않아도 되는 존재로 생각하지 않는다는 것을 보여준다. 자신의 실수에 대한 책임을 지는 행동을 통해 리더는 그룹 내부와 외부로부터의 비판을 기꺼이 받아들이려는 의지를 보이고, 자신의 행동이 낳은 결과가 무엇이든 기꺼이 대면하겠다는 의지를 보여준다. 예를 들면, 2년 전에 내가 사는 도시의 시장은 자신이 사기 사건에 연루되었다는 것을 공식적으로 인정했다. 고백과 더불어 그는 공직에서 물러나고 자발적으로 조사를 받았다. 비록 그는 유죄 판결을 받았지만, 그의 행동은 그의 공적 이미지를 증진시켰는데 그것은 대중이 그의 행동을 진정한 리더에 걸맞은 것이라 여겼기 때문이다.

리더는 많은 권력을 휘두르는 것을 즐길 수도 있지만, 정직함과 겸손함을 보여주어야 한다. 이러한 이유로, 나는 실수에 대한 책임을 지는 능력이 리더가 가질 수 있는 가장 중요한 자질이라는 것에 동의한다.

🔤 어휘

rectify ⓥ (잘못된 것을) 바로잡다 | **virtue** ⓝ 덕목, 선행 | **requirement** ⓝ 필요 요건 | **lead by example** 솔선수범하다 | **step out** 나서다 | **recovery** ⓝ 회복 | **Enron** 엔론 (2001년 파산한 미국의 에너지 회사) | **likewise** ⓐⓓⓥ 똑같이 | **corruption** ⓝ 부패 | **unethical** ⓐⓓⓙ 비윤리적인 | **own up** (잘못을) 인정하다 | **humility** ⓝ 겸손 | **accountability** ⓝ 책임 | **fraud scandal** 사기 사건 | **step down** 물러나다 | **befitting** ⓐⓓⓙ 어울리는 | **wield** ⓥ 휘두르다

Sample Essay   동의하지 않음

I do not think that the ability to accept responsibility for one's mistakes is the most important quality a leader can possess. This is because accepting responsibilities for mistakes is actually not a positive quality for a leader to possess, and there are actually more important qualities that a leader must possess.

Firstly, accepting responsibility for mistakes is actually not a positive quality for a leader. It throws the group into a sticky mess they have to

나는 실수에 대한 책임을 지는 능력이 리더가 가질 수 있는 가장 중요한 자질이라고 생각하지 않는다. 이는 실수에 대한 책임을 지는 것이 실제로 리더가 가져야 할 긍정적인 자질이 아니며, 리더가 반드시 가져야 하는 더 중요한 자질들이 있기 때문이다.

첫째, 실수에 대한 책임을 지는 것은 사실 리더에게 긍정적인 자질이 아니다. 이는 그룹이 회복해야만 하는 불쾌한 엉망진창의 상태로 그룹을 던지는 셈

recover from. Externally, it also creates a huge impact on society. In real life cases, having a leader of a company admit a fault only serves to tarnish its corporate image. Because of these dire consequences, a leader taking such a step is not usually recommended. That is why people below the leader choose to take the fall instead of having the leader come out publicly. The thing that a leader should do instead is to display leadership by pointing out how the group can ride out the storm.

Secondly, there are more important qualities a leader should possess, such as having a discerning eye for people. A leader should be able to surround himself with wise counsel and hire people of ethical character. Strictly speaking, the leader of any large group does not get involved in all the lengthy and complicated work processes of the group. The other members narrow things down to two or three items for the leader to decide. While being on top of the decision-making process, the leader is not entirely to be blamed for any unethical decisions of the company. Therefore, it is more important for a leader to make sure he has solid people working for him than to be able to accept responsibility for any mistakes.

Admitting one's mistakes is usually considered a virtuous character trait. However, when one is the leader of a certain group, their behavior may cause negative results. In addition, concentrating on discovering and cultivating reliable employees is more important for a leader. Therefore, I do not think that the ability to accept responsibility for one's mistakes is the most important quality a leader can possess.

이다. 외부적으로 그것은 사회에 지대한 영향을 미친다. 실제의 경우, 한 기업의 리더가 잘못을 인정하면 그 기업의 이미지를 퇴색시킬 뿐이다. 이러한 끔찍한 결과들 때문에 그러한 행동을 하는 리더는 보통 추천되지 않는다. 이것이 바로 리더를 공식적으로 나서게 하는 대신 리더 아래의 사람들이 잘못을 뒤집어쓰는 것을 선택하는 이유이다. 대신 리더가 해야 할 일은 그룹이 그 어려운 상황을 어떻게 극복할지 알려줌으로써 리더십을 보여주는 것이다.

둘째, 사람을 알아보는 안목을 가지는 것처럼 리더가 지녀야 할 더 중요한 자질들이 있다. 리더는 주위에 현명한 조언자를 두고 윤리적인 성격의 사람들을 고용할 수 있어야 한다. 엄격히 말하면, 모든 대형 그룹의 리더는 그룹의 모든 길고 복잡한 과업 수행 과정에 관여하지 않는다. 다른 그룹원들이 리더가 결정을 내릴 수 있도록 두 가지 내지 세 가지로 선택 범위를 좁힌다. 리더는 의사 결정 최고점에 있지만, 기업의 모든 비윤리적인 결정에 대해 완전히 비난을 받아서는 안 된다. 따라서 실수에 대한 책임을 지는 것보다는 자신을 위해 일하는 믿음직한 사람들을 확보하는 것이 리더에게는 더 중요하다.

실수를 인정하는 것은 보통의 경우 도덕적인 성격 특성으로 간주한다. 그러나 누군가 어떤 그룹의 리더일 때 그의 행동은 부정적인 결과를 낳을 수도 있다. 게다가 믿을 만한 직원들을 발굴하여 양성하는 것에 집중하는 것이 리더에게는 더 중요하다. 그러므로 나는 실수에 대한 책임을 지는 능력이 리더가 가질 수 있는 가장 중요한 자질이라고 생각하지 않는다.

📋 **어휘**

mess n 엉망(진창)인 상태 | **externally** adv 외부적으로 | **tarnish** v (평판을) 손상시키다 | **dire** adj 엄청난, 끔찍한 | **ride out** (위기를) 넘기다, 잘 이겨내다 | **counsel** n 조언자, 변호인 | **ethical** adj 윤리적인 | **narrow down** (~까지) 좁히다 | **solid** adj 믿음직한

Question 1

Reading Passage

In areas that often suffer from drought or severe storms, people sometimes use cloud seeding in order to increase or alter the precipitation they receive. Typically, silver iodide or dry ice is dropped into clouds, lowering their internal temperatures. The usefulness of this practice has been proven in many areas.

In laboratory experiments, scientists created ideal conditions for hail formation and dispersed silver iodide into the clouds. The resultant precipitation was comparatively harmless snow as opposed to hailstones. This means that cloud seeding can be used both to limit the extent of damaging weather like hail as well as to promote snow or rainfall for beneficial reasons. In addition, this proves that the principle behind the idea of cloud seeding is sound.

North American scientists have proven the effectiveness of cloud seeding in the real world as well. One of the main threats to crops in the American Midwest is hail damage. Scientists flew airplanes into clouds that had the potential for creating hail and released chemicals. As a result, the clouds only dropped rain. Not only that, but the US government experimented with using silver iodide to weaken hurricanes. After releasing canisters of silver iodide into the eye wall of a hurricane, they observed a 10% drop in wind speeds.

가뭄이나 거센 폭풍으로 고통받는 지역들에서 사람들은 강수량을 늘리거나 바꾸기 위해 때때로 '구름 씨 뿌리기'를 이용한다. 일반적으로 아이오딘화은이나 드라이아이스를 구름에 뿌려 구름 내부의 온도를 낮추는 것이다. 이렇게 하는 것의 유용함은 많은 분야에서 증명되었다.

실험실 실험에서 과학자들은 우박 형성에 이상적인 조건을 조성했고, 아이오딘화은을 구름에 뿌렸다. 그 결과로 생겨난 것은 우박이 아니라 비교적 위험하지 않은 눈이었다. 이는 구름 씨 뿌리기가 우박과 같은 기상 재해의 피해를 제한하는 것뿐 아니라 유익한 이유로 눈이나 비가 내리도록 촉진하는 데 사용될 수 있음을 의미한다. 또한 이는 구름 씨 뿌리기의 원리가 믿을 만한 것임을 증명한다.

북미의 과학자들은 실제 세계에서도 구름 씨 뿌리기의 효율성을 증명했다. 미국 중서부 농작물에게 가장 큰 위협 중 하나는 우박으로 인한 피해이다. 과학자들은 우박을 내리게 할 가능성이 있는 구름에 비행기를 보내어 화학물질들을 방출했다. 그 결과 그 구름은 비만 내리게 했다. 그뿐 아니라, 미국 정부는 허리케인을 약화시키기 위해 아이오딘화은을 이용하여 실험하기도 했다. 아이오딘화은이 든 통을 허리케인의 눈 벽에 날려 보낸 후, 그들은 풍속이 10% 감소한 것을 관찰했다.

Outside confirmation of the practical uses of cloud seeding has come from many other countries, including China. The Chinese regularly use the same techniques to prevent hail over cities as well as farms. In addition, they have even used cloud seeding to cause beneficial precipitation when there was none to be had. In 1997, they were suffering from a prolonged drought, so scientists seeded clouds and created a heavy snowfall.

중국을 포함한 다른 많은 나라에서도 구름 씨 뿌리기의 활용이 확인되었다. 중국인들은 농장뿐만 아니라 도시에 우박이 내리는 것을 방지하기 위해 같은 기술을 정기적으로 이용한다. 그리고 강수량이 없으면 이로운 강수를 위해 구름 씨 뿌리기 기술을 사용해 왔다. 1997년 중국은 장기적인 가뭄으로 고생하고 있었기에 과학자들은 구름 씨 뿌리기를 이용하여 많은 양의 눈을 만들어 냈다.

📋 어휘

alter v 바꾸다 | **precipitation** n 강수(량) | **silver iodide** 아이오딘화은 | **hail** n 우박 | **disperse** v 분산되다, 확산시키다 | **resultant** adj 그 결과로 생긴 | **canister** n 통 | **eye wall** 눈 벽 | **prolonged** adj 장기적인

Lecture Script

🎧 AT04

As you remember from the reading, many scientists claim to have used cloud seeding to create positive results. Don't misunderstand—I'm not saying that cloud seeding does not have great potential—however, the results those scientists have claimed are questionable at best.

Yes, in laboratory conditions, scientists have created clouds similar to those that commonly form hail. And yes, after seeding them with silver iodide, they did observe snowfall as opposed to hailstones. However, there is a very important phrase there: in laboratory conditions. It is much easier to achieve results in a controlled environment like a laboratory than it is in the real world. Weather is a chaotic system, and while intriguing, lab results are not a good indicator of effectiveness in the real world.

The results of the outdoor experiments carried out in the United States are also rather suspect. Firstly, the farmland that cloud seeding was carried out did experience fewer hailstorms than they would in an average season, but so

여러분이 읽기 자료에서 본 것을 기억하듯이 많은 과학자는 긍정적인 결과를 이끌어내기 위해 구름 씨 뿌리기를 이용했다고 주장합니다. 오해하지는 마세요. 구름 씨 뿌리기가 굉장한 가능성을 갖고 있지 않다고 말하려는 것은 아닙니다. 하지만 그 과학자들이 주장한 결과들은 아무리 낙관적으로 봐도 의심스럽습니다.

맞아요. 실험실의 조건에서 과학자들은 흔히 우박을 형성하는 것과 유사한 구름을 만들어 냈습니다. 그리고 아이오딘화은을 그 구름에 뿌린 뒤 우박 대신 눈이 오는 걸 관찰했다는 것도 맞습니다. 그러나 여기엔 매우 중요한 구절이 있습니다. "실험실의 조건에서"입니다. 실제 세계에서보다 실험실과 같은 통제된 환경에서 결과를 얻기가 훨씬 더 쉽습니다. 날씨는 혼란스러운 체계이고, 실험실에서의 결과는 흥미롭긴 해도 실제 세계에서의 효율성을 보여주는 좋은 지표가 아닙니다.

미국에서 행해진 야외 실험의 결과들 또한 의심스럽습니다. 먼저, 구름 씨 뿌리기를 했던 농지에 평년보다 우박이 덜 내린 것은 사실이지만, 근처 지역들 역시 마찬가지였어요. 허리케인 실험은... 과학자들은 후에 허리케인의 주변 환경이 바뀜에 따라 바

did the surrounding areas. As for the hurricane tests… scientists have since learned that such fluctuations in wind strength are extremely common in hurricanes as their surroundings change. Therefore, both examples would appear to be more the product of natural phenomena than human intervention.

The experiment in Asia seems to be a complete success at first glance, but that is only until you examine the local conditions more closely. The test was carried out near Beijing, an area with extremely high air pollution. The particulates pumped into the air in pollution often attract water vapor, so making the clouds colder could indeed cause snow. However, most farming areas have little if any air pollution, so it would be less likely to work. Not only that, but the precipitation would be filled with pollution, which is ideal neither for farming nor human consumption.

람의 세기에 변동이 생기는 것은 극히 흔한 일이라는 것을 알게 되었습니다. 그러므로 두 가지 예 모두 인간의 개입으로 생겨났다기보다는 자연 현상 때문에 일어난 것처럼 보입니다.

아시아에서의 실험은 언뜻 보기에는 완전히 성공한 것처럼 보이지만 현지 조건을 더 자세히 관찰하면 아닙니다. 그 실험은 대기 오염이 매우 심각한 지역인 베이징 근처에서 행해졌습니다. 오염된 공기 중에 주입된 미립자들은 종종 수증기를 끌어들이는데, 이는 구름을 더 차갑게 만들어 실제로 눈이 오게 만들 수 있습니다. 그러나 농가 지역은 공해가 적거나 아예 없는 경우가 대부분이기에 이곳에서의 실험은 잘 될 가능성이 작습니다. 그뿐 아니라 오염된 강수가 내리게 될 것이고, 이는 농업용으로나 사람이 사용하는 용으로나 적합하지 않습니다.

📘 어휘

questionable adj 의심스러운 I **at best** 잘해야, 아무리 낙관해도 I **intriguing** adj 매우 흥미로운 I **fluctuation** n 변동 I **intervention** n 조정, 간섭 I **particulates** n 미립자

Sample Summary

The reading passage mentions three different cases of how cloud seeding was used successfully to induce or alter precipitation. On the other hand, the lecturer casts doubt on the results reported by the reading passage.

The first case in the reading passage shows how cloud seeding caused precipitation to fall in the form of snow, which is harmless compared to hail. However, the lecturer points out that this result was produced in a laboratory setting, and therefore could not be said to be a true indicator of the effectiveness of cloud seeding.

읽기 지문은 강수를 유도하거나 바꾸기 위해 구름 씨 뿌리기가 어떻게 성공적으로 이용되었는지 세 가지 다른 사례들을 언급한다. 반면에 강의자는 읽기 지문에서 제시된 결과에 의문을 제기하고 있다.

읽기 지문의 첫 번째 사례는 구름 씨 뿌리기가 어떻게 강수가 우박과 비교해 위험하지 않은 눈의 형태로 내릴 수 있도록 했는지를 보여준다. 그러나 강의자는 이 결과가 실험실 환경에서 생성된 결과여서 구름 씨 뿌리기의 효율성을 입증하는 정확한 지표가 될 수는 없다고 지적한다.

In the second case, scientists in North America were able to produce a similar result in the real world. Silver iodide released into clouds resulted in rainfall instead of hail, and hurricane wind speeds were also decreased by 10%. Yet again, the lecturer casts doubt on the author's claim by suggesting that these successful results were more influenced by natural conditions than human activity.

두 번째 사례에서, 북미의 과학자들은 실제 세계에서 비슷한 결과를 얻을 수 있었다. 아이오딘화은을 구름에 뿌리자 우박 대신 비가 내렸고, 허리케인의 풍속 역시 10% 감소했다. 그러나 강의자는 이 성공적인 결과들이 인간의 활동보다는 자연환경에 더 영향을 받은 것임을 제시하면서 저자의 주장에 의구심을 제기한다.

Lastly, the reading passage states that cloud seeding is also successfully practiced in China. Chinese scientists were able to utilize cloud seeding to prevent hail from falling and to create heavy snowfall in a prolonged drought. However, the lecturer contradicts this by explaining that the heavily polluted atmosphere was the main reason for heavy precipitation over that region. To make matters worse, the precipitation would contain pollutants, which wouldn't be beneficial to the crops and humans at all.

마지막으로 읽기 지문에서는 구름 씨 뿌리기가 중국에서 성공적으로 행해지고 있다고 진술한다. 중국의 과학자들은 우박이 내리는 것을 방지하고 지속되는 가뭄 시기에 많은 양의 눈이 내리게 하려고 구름 씨 뿌리기를 이용할 수 있었다. 그러나 강의자는 심각하게 오염된 대기가 그 지역에 큰 강수가 있었던 주원인이었다고 설명하면서 이를 반박한다. 설상가상으로 그 강수는 농작물과 사람에게 전혀 이롭지 않은 오염 물질을 포함하고 있을 것이다.

어휘

induce v 유도하다 | **indicator** n 지표 | **to make matters worse** 설상가상으로 | **pollutant** n 오염 물질

Question 2

Question

Do you agree or disagree with the following statement?

It is more difficult to educate children today than it was in the past due to the amount of time they devote to playing video games, chatting on their phones, and updating their social networking pages.

Use specific reasons and examples to support your answer.

당신은 다음 진술에 동의하는가, 아니면 동의하지 않는가?

아이들이 비디오 게임을 하고, 전화로 채팅을 하고, 소셜 네트워크 페이지를 업데이트하는 데 할애하는 시간의 양 때문에 오늘날 아이들을 교육하는 것은 과거보다 더 어렵다.

구체적인 이유와 예시를 이용하여 답을 뒷받침하시오.

I agree that it is more difficult to educate children today than it was in the past due to the amount of time they devote to online entertainment. The amount of time they spend playing video games and electronically communicating with their friends leaves them no time to do homework. Moreover, these modern conveniences cause children to lose the patience needed for studying.

Firstly, due to the advancement of modern technology, children today don't have much time left for homework. Since they have access to many more different types of entertainment than before, they devote too much time to playing video games, chatting on their phones, and updating their social networking pages. For example, when my parents were children, they would play with their friends until their mother called them home to eat dinner. After dinner, the few things left for them to do were studying and sleeping. However, children today can easily interact with their friends late at night with their phones or play games if they choose to. This means that the time left for them to study has decreased.

Secondly, the need for instantaneous results destroys the patience needed for studying. Children today are used to instantaneous feedback when they post updates on their social networking pages or send instant messages to their friends on the phone. Processes that take a while for results to show unsettle them. Studying is not something that can be completed overnight. It may take weeks or months before the results of one's efforts become noticeable. However, that causes children to feel impatient and frustrated. Some may give up studying altogether because they feel that it takes too long. Teachers also experience frustration while trying to make

나는 아이들이 온라인 오락에 할애하는 시간의 양 때문에 오늘날 아이들을 교육하는 것이 과거보다 더 어렵다는 것에 동의한다. 비디오 게임을 하고 친구들과 전자 장치로 소통하면서 아이들이 보내는 시간은 이들이 과제를 할 시간을 주지 않는다. 게다가 이런 문명의 이기는 아이들이 공부하는 데 필요한 인내심을 잃게 만든다.

첫째, 현대 기술의 발달로 오늘날의 아이들은 전보다 과제를 할 시간이 많지 않다. 이전보다 더 많은 다양한 종류의 오락에 접근할 수 있기 때문에 그들은 비디오 게임을 하고, 전화로 채팅을 하고, 소셜 네트워크 페이지를 업데이트하는 데 너무 많은 시간을 할애한다. 예를 들어, 우리 부모님이 어렸을 때는 엄마가 저녁 먹으라고 집으로 부를 때까지 친구들과 놀곤 했다. 저녁을 먹은 뒤 그들이 할 일은 공부를 하고 자는 것뿐이었다. 그러나 오늘날의 아이들은 원한다면 밤늦게까지 친구들과 전화를 하거나 게임을 할 수 있다. 이것은 그들이 공부하도록 남겨진 시간이 줄어들었다는 의미이다.

둘째, 즉각적인 결과를 바라는 것은 공부하는 데 필요한 인내심을 파괴한다. 오늘날의 아이들은 소셜 네트워크 페이지에 게시물을 올리거나 전화로 친구에게 인스턴트 메시지를 보낼 때 즉각적인 피드백에 익숙하다. 결과가 나타나기까지 시간이 좀 걸리는 과정은 그들을 불안하게 만든다. 학습은 하룻밤 사이에 끝날 수 있는 것이 아니다. 개인의 노력 결과가 눈에 보이기까지 몇 주 혹은 몇 개월이 걸릴 수도 있다. 하지만 이는 아이들에게 조급함과 좌절감을 느끼게 한다. 어떤 아이들은 학습이 너무 오래 걸린다고 느끼기 때문에 아예 포기하기도 한다. 교사들 역시 어떤 과목을 잘하는 것은 눈 깜박할 사이에 이루어지는 것이 아니라는 것을 학생들에게 이해시키려고 노력하는 과정에서 좌절을 경험할 수 있다.

students understand that excelling in a certain subject does not happen in the blink of an eye.

Undoubtedly, the development of technology has improved the quality of our lives. However, it also has taken up children's time for studying and made them used to getting immediate reactions. These are the reasons why I believe it is more difficult to educate children today than it was in the past.

의심의 여지 없이 기술의 발전은 우리 삶의 질을 향상시켜주었다. 그러나 이는 아이들의 공부 시간을 빼앗았으며 아이들이 즉각적인 반응을 받는 것에 익숙해지도록 만들기도 했다. 이러한 것들이 내가 오늘날 아이들을 교육하는 것이 과거보다 더 어렵다고 믿는 이유이다.

📑 어휘

instantaneous adj 즉각적인 I **unsettle** v 불안하게 하다 I **overnight** adv 하룻밤 동안 I **impatient** adj 조급한, 안달하는 I **in the blink of an eye** 눈 깜박할 사이에

Sample Essay 동의하지 않음

I disagree that it is more difficult to educate children today than it was in the past due to the amount of time they devote to online entertainment. This is because these electronic devices can be used for studying, and the amount of time they spend on studying today has not changed much from the past.

Firstly, the amount of time children spend on electronic devices can be well utilized for educational purposes. If it is managed wisely, it can actually become a highly effective tool for grabbing hold of children's undivided attention. For instance, in some elementary schools, teachers make classroom Web pages where they can post interesting videos or answer questions the students post on the page. Teachers can also utilize the vast number of educational video games available to provide education in a form that students can relate to. By making formal learning fun and accessible to students, it becomes easier to educate children.

나는 아이들이 온라인 오락에 할애하는 시간의 양 때문에 오늘날 아이들을 교육하는 것이 과거보다 더 어렵다는 것에 동의하지 않는다. 이는 이런 전자 기기들이 공부하는 데 활용될 수 있으며 오늘날 아이들이 공부하며 보내는 시간의 양이 과거와 많이 달라지지 않았기 때문이다.

첫째, 아이들이 전자 기기에 보내는 시간은 교육적인 목적을 위해 잘 활용될 수 있다. 현명하게 관리된다면 그러한 시간은 실제로 아이들을 전념하게 하는 매우 효과적인 도구가 될 수 있다. 예를 들어, 어떤 초등학교에서는 교사들이 학급 웹 페이지를 만들어 재미있는 동영상을 올리거나 학생들이 그 웹 페이지에 올리는 질문에 답을 하기도 한다. 교사들은 또한 학생들이 공감할 수 있는 형태의 교육을 제공하기 위해 활용 가능한 많은 양의 교육용 비디오 게임을 이용할 수도 있다. 정규 교육을 재미있고 쉽게 학생들에게 접근할 수 있게 만듦으로써 아이들을 교육하기가 더 쉬워진다.

Second, the notion that children today are harder to educate because of the amount of time they spend on electronic devices is also unfounded. Children have always engaged in different forms of play, and it is hard to say that the amount of time children play has increased substantially since the introduction of these devices. For instance, my dad used to play with marbles with his friends for several hours straight, and it got to the point where my grandmother had to throw away all the marbles he had collected. If my dad had had access to computers, he may well have been updating his social networking pages instead of playing with marbles.

Children are the fastest adapters to rapid changes in society, and electronic devices can easily be used for educational purposes. In addition, the amount of time that children play instead of studying has not changed much due to technology. These are the reasons why I disagree with the above statement.

둘째, 아이들이 전자 기기를 사용하며 보내는 시간의 양 때문에 오늘날의 아이들을 교육하기가 더 힘들다는 생각은 근거가 없는 것이다. 아이들은 항상 다양한 형태의 놀이를 해 왔고, 아이들이 노는 데 보내는 시간의 양이 이러한 기기의 도입과 함께 상당히 늘어났다고 말하기는 어렵다. 예를 들면, 우리 아빠는 친구들과 몇 시간이나 계속해서 구슬을 가지고 놀곤 했는데, 마침내는 할머니가 아빠가 모은 구슬을 전부 버릴 정도였다. 만약 우리 아빠가 컴퓨터를 할 수 있었다면 구슬을 가지고 노는 대신 소셜 네트워크 페이지를 업데이트하고 있었을 것이다.

아이들은 사회의 급격한 변화에 대한 가장 빠른 적응자들이며 전자 기기들은 교육적 목적에 쉽게 사용될 수 있다. 그리고 아이들이 공부하는 대신 노는 시간의 양은 기술 때문에 많이 바뀌지 않았다. 이것이 내가 위의 진술에 동의하지 않는 이유이다.

📘 어휘

grab hold of 움켜잡다, 붙들다 | **undivided attention** 전념 | **vast** adj 방대한 | **relate to** ~을 이해하다, ~에 공감하다 | **formal learning** 정규 교육 | **unfounded** adj 근거가 없는 | **substantially** adv 상당히, 많이 | **marble** n 구슬 | **adapter** n 적응자

Actual Test 05

본서 | p. 78

Question 1

Reading Passage

In order to attract qualified teachers, schools in many poor and rural areas offer signing bonuses. These financial incentives are a vital investment in the future of students, and as such should be continued.

The main issue that schools in low-income areas face is attracting teachers to work at them. Public schools are funded by state income tax revenue, which means that their budgets are determined by the average income in their area. Therefore, the pay for teachers in poor areas is typically low, which makes it difficult to attract new teachers. So, by providing higher incomes, signing bonuses allow these schools to attract teachers that would otherwise teach in higher income areas.

The increased salaries that signing bonuses create also attract people from other industries. Many people who are interested in teaching choose not to due to the low average salary that teaching offers. Instead, they pursue other careers in their area of study. For example, scientists working for private corporations can make far more money than they would by teaching science to students. Higher wages can attract these experts to lower income schools in their area where they would not normally consider working.

Signing bonuses are also beneficial because they encourage teachers to remain at one institution for a longer period of time. Most of the institutions stipulate that the teacher must teach for a specific number of years in order to receive their bonus. Many also divide the bonus up between the stipulated years in order to motivate the teacher

자격이 있는 교사들을 유치하기 위해 많은 가난한 시골 지역에서는 사이닝 보너스를 제공한다. 이 금전적 인센티브는 학생들의 미래에 대한 필수적인 투자이며, 따라서 지속되어야 한다.

저소득 지역에 있는 학교들이 당면한 주요한 문제는 그곳에 와서 근무할 교사들을 유치하는 것이다. 공립 학교들은 주 정부의 소득세 세입 지원을 받는데, 이는 그들의 예산이 그 지역의 평균 임금에 의해 정해진다는 의미다. 따라서 가난한 지역의 교사 급여는 보통 낮고, 이것은 새로운 교사들을 유치하는 것을 어렵게 만든다. 그래서 사이닝 보너스는 더 높은 급여를 제공함으로써 이러한 학교들이 고소득 지역에서 가르치려 하는 교사들을 데려올 수 있도록 한다.

사이닝 보너스로 늘어난 급여는 또한 다른 산업의 사람들도 유치한다. 가르치는 것에 관심이 있는 많은 사람은 일반적으로 교사의 급여가 낮기 때문에 가르치려고 하지 않는다. 대신 그들은 자신의 학문 분야에서 다른 커리어를 추구한다. 예를 들어, 사기업에서 일하는 과학자들은 학생들에게 과학을 가르치는 것보다 훨씬 더 많은 돈을 벌 수 있다. 더 높은 임금은 이러한 전문가들을 평소라면 일하는 것을 고려해 보지 않았을 저소득 지역의 학교로 유치할 수 있을 것이다.

사이닝 보너스는 또한 교사들이 한 학교에서 오랫동안 머무르게 하므로 유익하다. 대부분의 학교에서는 교사가 보너스를 받기 위해 일정 기간 동안 가르쳐야 한다고 규정하고 있다. 또한 많은 학교에서 교사들을 더 오래 머물게 하려고 명기된 연수별로 보너스를 나누어서 준다. 이는 학교가 교사들을 더 오래 보유할 수 있도록 하고 학생들에게 안정적인 환경을 제공한다.

to stay longer. This allows the schools to retain their teachers longer, and provides a stable environment for their students.

📖 어휘

qualified adj 자격이 있는 **ㅣ signing bonus** (계약 체결 시 선지급하는) 사이닝 보너스 **ㅣ income tax** 소득세 **ㅣ revenue** n 세입 **ㅣ wage** n 임금 **ㅣ stipulate** v 규정하다, 명기하다 **ㅣ divide up** 분배하다, 분담하다 **ㅣ retain** v 보유하다

Lecture Script

🎧 AT05

In the reading, the author details the benefits of providing signing bonuses to teachers. As well intentioned as this practice is, it fails to fully address the problems faced by both the schools and the teachers.

First, he focuses on the fact that schools in low-income areas offer proportionately low salaries. While this is true, it fails to address the reasons that most teachers give for leaving or avoiding such teaching positions altogether. Usually, they cite the quality of facilities and the lack of an effective support system as their motivation for leaving a teaching position. Providing a signing bonus does not address these issues, but spending that money on teaching aids and mentoring programs would.

Second, he says that signing bonuses can attract people from other industries to the profession of teaching. He claims that the main factor discouraging experts from teaching is the low salary, but when surveyed, most people say that the biggest obstacle to becoming a teacher is the certification process. Specifically, people are discouraged by the amount of time it takes to become certified. In most states, it takes a full year of classes and student teaching to become a certified teacher, which is an investment that a signing bonus does little to offset.

지문에서 저자는 교사들에게 사이닝 보너스를 제공하는 것의 이점에 대해 열거하고 있습니다. 이것을 실시하는 것의 의도는 좋으나 학교 측과 교사 측이 당면한 문제들을 완전히 해결하지는 못합니다.

첫째, 저자는 저소득 지역에 있는 학교들이 비교적 낮은 임금을 지급한다는 사실에 주목합니다. 이는 사실이지만 대부분의 교사가 그러한 교사직을 떠나거나 피하는 이유를 설명하지 못하고 있습니다. 보통 그들은 교사직을 떠나게 되는 동기로 시설의 질과 효과적인 지원 시스템의 부재를 들고 있습니다. 사이닝 보너스를 제공하는 것은 이러한 문제점을 해결하지 않지만, 그 돈을 교구와 멘토링 프로그램에 사용한다면 문제를 해결할 수 있을 것입니다.

둘째, 저자는 사이닝 보너스가 다른 산업군에서 교사직으로 사람들을 끌어올 수 있다고 말합니다. 그는 전문가들이 교사직을 꺼리는 주요 요인이 낮은 임금이라고 주장하지만, 설문조사를 해보니 대부분의 사람들은 교사가 되는 데 가장 큰 장애물이 자격 취득 과정이라고 답했습니다. 특히 사람들은 자격증을 취득하기까지 걸리는 시간 때문에 의욕을 잃는다고 합니다. 대부분의 주에서 자격증을 가진 교사가 되려면 수업과 실습에 만 1년이 걸리는데, 이것은 사이닝 보너스가 상쇄할 수 없는 투자입니다.

Third, he states that signing bonuses encourage teachers to stay at one school longer. However, studies have shown that the majority of teachers who receive signing bonuses do not fulfill their contractual obligations. Moreover, should we really try to force teachers to stay somewhere they do not want to be? Employees who do not like their workplace are unlikely to put much effort into their work, so keeping them around would be counterproductive.

셋째, 저자는 사이닝 보너스가 교사들이 한 학교에 더 오래 머무르게 장려한다고 언급합니다. 하지만 연구에 따르면 사이닝 보너스를 받는 교사들의 대다수가 계약 의무 기간을 채우지 못합니다. 게다가 교사들이 머물고 싶어 하지 않는 곳에 머물도록 우리가 정말 강요해야만 하는 걸까요? 자신의 일터를 좋아하지 않는 근로자들은 업무에 큰 노력을 기울이지 않으므로 그들을 잡아두는 것은 역효과를 낼 것입니다.

📘 어휘

detail v 상세히 열거하다 | **practice** n 실행, 관행 | **proportionately** adv 비교적으로, 비례해서 | **cite** v (이유를) 들다 | **teaching aid** 교구, 교재 | **obstacle** n 장애물 | **certification** n 자격증, 증명 | **full year** 만 1년 | **offset** v 상쇄하다 | **counterproductive** adj 역효과를 낳는

Sample Summary

Both the reading and lecture talk about providing signing bonuses to attract teachers in poor or rural areas. The reading provides three reasons why it is beneficial, while the lecturer says that giving signing bonuses to teachers does not solve those problems in an effective way.

Firstly, the reading states that providing signing bonuses can attract more teachers to schools in low-income areas by providing higher salaries. However, the lecturer undermines this idea by pointing out that the main reasons teachers avoid those schools are the low quality of facilities and the lack of an effective support system. It would be better to spend the money on improving teaching aids and programs.

Secondly, the reading passage argues that signing bonuses can bring experts from different industries into teaching. However, the lecturer argues back by providing survey data. The survey showed that most experts avoided teaching not because of the low salary, but because of the process of becoming certified as a teacher.

지문과 강의는 둘 다 저소득 지역이나 시골 지역에 교사들을 유치하기 위해 사이닝 보너스를 제공하는 것에 관해 이야기하고 있다. 지문은 그것이 왜 유익한지에 대해 세 가지 이유를 제시하고 있지만, 강의자는 교사들에게 사이닝 보너스를 주는 것이 문제를 효과적으로 해결하지 못한다고 말한다.

첫째, 지문은 사이닝 보너스 제공이 더 높은 급여를 제공하여 저소득 지역의 학교로 더 많은 교사를 끌어들일 수 있다고 주장한다. 그러나 강의자는 교사들이 이런 학교를 피하는 주된 이유가 시설의 낮은 질과 효율적인 지원 시스템의 부재라는 점을 지적하며 이 주장을 약화시킨다. 그 돈을 교구와 프로그램을 개선하는 데 사용하면 더 나을 것이다.

둘째, 지문은 사이닝 보너스가 다른 분야에서 전문가들을 교사직으로 불러올 수 있다고 주장한다. 그러나 강의자는 설문 자료를 제시하며 그 논리를 반박한다. 설문조사는 대부분의 전문가가 낮은 급여 때문이 아니라 교사 자격증을 얻는 과정 때문에 교사직을 피한다는 것을 보여주었다.

Lastly, the reading says that signing bonuses can encourage teachers to remain at one institution for a longer time. This is because teachers must teach for a specific period of time to receive their bonus. However, the lecturer says that the majority of teachers who are provided with signing bonuses actually do not fulfill their contractual obligations. Also, this forced residency will eventually make them less motivated and less productive.

마지막으로, 지문은 사이닝 보너스가 교사들로 하여금 한 학교에 더 오래 머무르도록 장려한다고 이야기한다. 보너스를 받기 위해서는 교사들이 일정 기간 동안 가르쳐야 하기 때문이다. 그러나 강의자는 사이닝 보너스를 받은 대다수 교사가 실제로 계약 의무 기간을 채우지 못한다고 말한다. 이런 강제적인 전속 계약은 결국 교사들의 의욕과 생산성을 떨어뜨리게 될 것이다.

📝 어휘

undermine v 약화시키다 | **certified** adj 증명된, 면허증을 가진 | **contractual** adj 계약의 | **forced** adj 강제적인, 강요된 | **residency** n 거주, 전속

Question 2

Question

Which of the following do you think is the best way for a student to make friends?

- **Doing volunteer work**
- **Joining a sports team**
- **Traveling to foreign countries**

Use specific reasons and examples to support your answer.

당신은 다음 중 어떤 것이 학생이 친구를 사귀는 가장 좋은 방법이라고 생각하는가?

– 자원봉사 활동하기
– 스포츠팀에 가입하기
– 외국으로 여행하기

구체적인 이유와 예시를 이용하여 답을 뒷받침하시오.

Sample Essay 스포츠팀에 가입하는 것

In my opinion, joining a sports team is the best way for a student to make friends. I have two reasons to support my idea. Joining a sports team can help a student make friends by developing his communication skills. It will also help him because he gets to share good times and hard times with his teammates.

내 생각에는 스포츠팀에 가입하는 것이 학생이 친구를 사귈 수 있는 가장 좋은 방법인 것 같다. 이를 뒷받침하는 두 가지 이유가 있다. 스포츠팀에 가입하는 것은 의사소통 기술을 발달시켜줌으로써 친구를 사귀는 데 도움이 된다. 이는 또한 팀 동료들과 함께 기쁘고 힘든 시간을 공유할 기회를 주기 때문에 도움이 될 것이다.

Firstly, if a person joins a sports team, he can learn how to communicate with others. When someone is a member of a team, he must be able to coordinate his efforts with his teammates. For a team to function as a whole and win the game, communication between team members is vital. Not only do they have to know each other's positions, but they also need to learn each other's strengths and weaknesses. In addition, they can find out how each person conveys his or her feelings and thoughts. In this way, they get to know each other better and can become good friends.

Secondly, I think a person can become friends with others easily by joining a sports team because he shares experiences with his teammates. He will have to participate in all kinds of practice sessions and training meetings, which means he already has to share a significant portion of his time with his teammates. They have the same goal: winning a game. By having the same target and purpose, they get to feel the same way. If they lose a game, they will feel sad, angry, discouraged, etc. If they win, they will feel overjoyed, excited, and cheerful. I believe sharing experiences and feelings together like that will help a person become closer to others.

In conclusion, joining a sports team can help a person make new friends easily because it can provide him with many advantages. First, it helps the person to develop the communication skills needed for making friends. Second, by sharing the same feelings and moments together, the person can become close with his teammates.

첫째, 스포츠팀에 가입하면 다른 사람들과 어떻게 의사소통을 하는지 배울 수 있다. 누군가 팀의 구성원이 되면 그는 팀 동료들과 자신의 노력을 조율할 수 있어야 한다. 팀이 하나로 기능하고 경기에서 이기려면 팀원들 간의 의사소통은 필수적이다. 서로의 입장을 알아야 할 뿐 아니라 서로의 강점과 약점까지도 알 필요가 있다. 게다가 각자 어떤 식으로 자신의 감정과 생각을 전달하는지 알 수 있게 된다. 이런 식으로 그들은 서로에 대해 더 잘 알게 되고 좋은 친구가 될 수 있다.

둘째, 나는 스포츠팀에 가입하면 팀 동료들과 경험을 공유하므로 쉽게 다른 사람들과 친구가 될 수 있다고 생각한다. 온갖 종류의 연습과 훈련 모임에 참여해야 할 것이며, 이는 이미 자신의 시간 중 상당한 부분을 팀 동료들과 공유한다는 의미이다. 그들은 경기에서 이기겠다는 같은 목표를 갖고 있다. 같은 목표와 목적을 가짐으로써 그들은 동일하게 느끼게 된다. 만약 경기에서 지면 슬프고 화가 나고 의욕을 잃을 것이다. 만약 이기면 매우 기뻐할 것이며 흥분하고 쾌활할 것이다. 나는 이처럼 경험과 감정을 공유하는 것이 다른 이들과 더 가까워지는 데 도움이 될 것으로 생각한다.

결론적으로, 스포츠팀에 가입하는 것은 많은 장점을 줄 수 있으므로 쉽게 새로운 친구들을 사귀는 데 도움이 될 수 있다. 첫째, 그것은 친구를 사귀는 데 필요한 의사소통 기술을 발달시키는 데 도움이 된다. 둘째, 같은 감정과 순간을 함께 공유함으로써 팀 동료들과 가까워질 수 있다.

🔖 어휘

communication skill 의사소통 기술 | **vital** adj 필수적인 | **convey** v 전하다 | **overjoyed** adj 매우 기뻐하는 | **cheerful** adj 발랄한, 쾌활한

In my opinion, traveling to foreign countries is the best way for a student to make friends. I have two reasons to support my idea. Traveling to foreign countries can help a student make friends by developing his communication skills. The person will also make many new friends with people he shares experiences with in other countries.

Firstly, if a person goes to a foreign country, he can learn how to communicate with others. Speaking a second language is always difficult. However, while trying to learn a new language, he can develop communication skills that he has never used before. For example, he will learn a lot about body language. Some gestures are quite different depending on the culture, but oftentimes body language is the most useful tool when traveling to foreign countries. Since it plays an important role even when we speak our own language, he will be able to communicate even better in his own country and could make friends more easily.

Secondly, I think a person can make many friends while traveling to a foreign country and sharing experiences with new people. One of my friends went to Spain this summer and stayed there for a while traveling to different cities. During the trip, he met not only foreign friends, but also a person of the same nationality. He traveled some places with them and had good times with them. Even after coming back to Korea, he still talks to his foreign friends via Facebook. He is planning to visit them sometime in the future. Therefore, I believe sharing time together with people like that will help a person make friends.

내 생각에는 외국으로 여행을 가는 것이 학생이 친구를 사귀는 가장 좋은 방법이라고 생각한다. 이를 뒷받침하는 두 가지 이유가 있다. 외국으로 여행을 가는 것은 의사소통 기술을 발달시킴으로써 친구를 사귀는 데 도움을 준다. 또한, 다른 나라에서 경험을 공유하는 사람들과 많은 새로운 친구가 될 수 있을 것이다.

첫째, 외국에 가게 되면 다른 사람들과 의사소통하는 방법을 배울 수 있다. 제2외국어를 하는 것은 항상 어렵다. 하지만 새 언어를 배우려 노력하는 동안 전에는 전혀 사용한 적이 없던 의사소통 기술을 발달시킬 수 있다. 예를 들어, 바디 랭귀지에 대해 많은 것을 배울 것이다. 어떤 제스처들은 문화에 따라 매우 다르지만 바디 랭귀지는 종종 외국을 여행할 때 가장 유용한 도구이다. 심지어 우리가 모국어를 말할 때도 중요한 역할을 하므로 자국에서도 더 잘 소통할 수 있게 될 것이며 친구를 더 쉽게 사귈 수 있을 것이다.

둘째, 나는 외국을 여행하고 새로운 사람들과 경험을 공유하며 많은 친구를 사귈 수 있다고 생각한다. 내 친구 중 한 명은 이번 여름에 스페인에 가서 한동안 머무르며 여러 도시를 여행했다. 여행 동안 그는 외국인 친구들뿐만 아니라 같은 나라에서 온 사람도 만났다. 그는 몇몇 지역을 그들과 함께 여행했고 좋은 시간을 보냈다. 한국에 돌아온 이후에도 그는 여전히 페이스북을 통해 외국인 친구들과 이야기를 한다. 그는 앞으로 그 친구들을 방문하려고 계획하고 있다. 따라서 나는 그렇게 사람들과 함께 시간을 공유하는 것이 친구를 사귀는 데 도움이 되리라 생각한다.

In conclusion, traveling to a foreign country can help a person make new friends easily because it can provide him many advantages. First, it helps the person develop the communication skills needed for making friends. Second, by traveling and seeing wonderful things together, the person can become friends with his fellow travelers easily.

결론적으로, 외국으로 여행을 하는 것에는 많은 장점이 있으므로 쉽게 새로운 친구들을 사귀는 데 도움이 될 수 있다. 첫째, 그것은 친구를 사귀는 데 필요한 의사소통 기술을 발달시키는 데 도움이 된다. 둘째, 함께 여행하고 놀라운 것들을 보면서 동료 여행자들과 쉽게 친구가 될 수 있다.

어휘

oftentimes `adv` 종종 | **nationality** `n` 국적 | **fellow** `n` 동료

Actual Test 06

본서 | p. 82

Question 1

Reading Passage

Historically, the British Isles were invaded by many foreign forces such as the Celts, the Romans, and the Angles and Saxons. In light of this history, it is easy to see why it is unclear whom the people of England are descended from. However, there is strong evidence that points to the Anglo-Saxons as the ancestors of the majority of modern English people.

To begin with, historical records show that the movement of the Anglo-Saxons to the British Isles was a resettlement. They left their former homes on the mainland in what is now Germany and Denmark and came to England, which was inhabited by Celtic tribes. Written accounts from around that time give the impression that this wave of immigration quickly overwhelmed the Celts and forced them to retreat into what is now Wales and Scotland.

This is further supported by the fact that English developed from the language of the Anglo-Saxons and not the earlier Celts. A simple comparison of English with Welsh or Gaelic, both Celtic tongues, clearly shows how drastically different these languages are. As the Anglo-Saxons exerted their dominance over the island, their language replaced those of the Celtic peoples. This linguistic shift increases the likelihood that today's population came from the Germanic invaders.

Even more conclusive proof was gained by studying the DNA of people living in several villages in eastern England. Their DNA was compared to samples from modern people with Celtic and Germanic backgrounds, and it was

역사적으로 영국 제도는 켈트족, 로마인, 앵글족 및 색슨족과 같은 여러 외적의 침입을 받았다. 이러한 역사적인 면에서 보면 영국인들이 누구의 후손인지 명확하지 않은 이유를 쉽게 알 수 있다. 그러나 현대 영국인들 대부분의 선조가 앵글로 색슨족이라는 것을 가리키는 강력한 증거가 있다.

우선, 역사적인 기록을 보면 앵글로 색슨족이 영국 제도로 이주한 것이 재정착이었다는 것을 알 수 있다. 그들은 지금의 독일과 덴마크에 해당하는 본토인 그들의 고향을 떠나 켈트족이 살고 있던 영국으로 왔다. 그 시대의 문자 기록은 이러한 이민의 물결이 켈트족을 압도했으며 그들을 지금의 웨일스와 스코틀랜드로 후퇴하게 했다는 인상을 준다.

이는 더 나아가 영어가 초기의 켈트어가 아닌 앵글로 색슨족의 언어로부터 발달했다는 사실에 의해 뒷받침된다. 영어를 켈트어에 해당하는 웨일스어나 게일어와 단순히 비교해 보면 이 언어들이 얼마나 크게 다른지 명백히 알 수 있다. 앵글로 색슨족이 섬에서 권력을 행사함에 따라 그들의 언어는 켈트인의 언어를 대신했다. 이러한 언어적 변화는 오늘날의 인구가 게르만족 침략자들의 후손일 가능성을 높인다.

훨씬 더 결정적인 증거는 영국 동부의 여러 마을에 사는 사람들의 DNA를 조사한 결과에서 나왔다. 그들의 DNA를 켈트족과 게르만족 배경을 가진 현대인들의 표본과 비교했는데, 이것이 앵글로 색슨족의 이동이 시작된 지역에 사는 사람들의 것과 거의

found to be almost identical to that of people living in the areas where the Anglo-Saxon migration began. This provides inarguable proof that the people of modern-day England are more closely related to the Anglo-Saxons than to the original Celtic population.

같다는 것이 밝혀졌다. 이것은 현대 영국인들이 원래의 켈트족보다는 앵글로 색슨족과 더 밀접히 관련되어 있다는 명백한 증거를 제공한다.

Lecture Script

AT06

I trust you read the article I sent? Although much of the historical information included in that article is factual, the conclusions that the author drew from his examples are far from accurate. It is more likely that the most of the population of modern-day England are descended from the Celts whom the Anglo-Saxons subjugated.

The author is correct in asserting that the Celtic people were invaded by the Anglo-Saxons. However, the sources that the author mentions were written by the invaders, who had no way to accurately gauge the number of Celts living in the British Isles at that time. Instead, modern historians believe that the Anglo-Saxon population was dwarfed by the native Celts after the Battle of Badon Hill. So, it is unlikely that the Celtic population could have been so completely forced out.

He also cites the fact that the Anglo-Saxon language became the language of the realm as further evidence of population replacement. When one culture becomes ruled by another, its people will often adopt the oppressors' language. This is clearly demonstrated by the expansion of the

제가 여러분에게 보낸 글을 읽었겠죠? 그 글에 포함된 역사 정보의 대부분은 사실이지만 저자가 예시에서 도출한 결론은 정확함과는 거리가 멉니다. 현대 영국 인구의 대부분은 앵글로 색슨족이 지배했던 켈트족의 후손일 가능성이 훨씬 더 큽니다.

켈트족이 앵글로 색슨족의 침입을 받았다는 저자의 주장은 맞습니다. 하지만 저자가 언급한 자료는 침략자들에 의해 쓰였는데, 그들은 당시 영국 제도에 살던 켈트족의 수를 정확히 측정할 방법이 없었습니다. 오히려 현대 역사가들은 Badon Hill의 전투 이후 앵글로 색슨족 인구가 켈트 원주민에 의해 위축되었다고 생각하죠. 따라서 켈트족 인구가 그렇게 완전히 쫓겨났다는 것은 있을 수 없어요.

저자는 또한 인구 대체의 추가적 증거로 앵글로 색슨어가 그 지역의 언어가 되었다는 사실을 인용하고 있습니다. 하나의 문화가 다른 문화에 지배를 받으면 사람들은 종종 정복자의 언어를 받아들이게 됩니다. 이는 로마 제국의 확장에 의해 분명히 입증되고 있습니다. 지중해 연안의 많은 문화가 제국에

Roman Empire. As various cultures around the Mediterranean were absorbed by the empire, they adopted Latin as their new language. However, that does not mean that their population was replaced with people of Latin ancestry, nor does the adoption of Anglo-Saxon mean that the Celts were replaced.

In his final example, the author cites a DNA study, but I have doubts about the way in which the study was carried out. The study was conducted in one small region of eastern England. Since that region is close to the European mainland, it is not surprising to find a strong Anglo-Saxon influence there. However, it is unrealistic to assume that such a small, localized sample could give an accurate representation of the genetic history of the whole nation's population. Indeed, other studies conducted in different parts of the country have shown much closer resemblance to modern Celtic people.

흡수되면서 그들은 라틴어를 새로운 언어로 받아들였습니다. 하지만 그것이 인구가 라틴 선조를 가진 사람들로 대체되었다는 의미는 아닙니다. 역시 앵글로 색슨어의 채택이 켈트족이 앵글로 색슨족으로 대체되었다는 뜻은 아니죠.

마지막 예에서 저자는 DNA 연구를 인용하는데, 저는 그 연구가 행해진 방식에 의혹을 하고 있습니다. 그 연구는 영국 동부의 작은 지역에서 시행됐습니다. 그 지역은 유럽 본토와 가까우므로 그곳에서 강력한 앵글로 색슨의 영향을 발견하는 것은 놀라운 일이 아닙니다. 그러나 그처럼 작고 국지적인 표본이 전체 국가 인구의 유전 역사를 정확히 대표한다고 가정하는 것은 비현실적이에요. 사실 영국의 다른 지역에서 시행된 연구들은 현대 켈트인과 훨씬 더 가까운 유사성을 보입니다.

📖 어휘

factual adj 사실에 기반을 둔 | **subjugate** v 지배하다 | **gauge** v 측정하다, 추정하다 | **dwarf** v 위축하다 | **localized** adj 국지적인 | **genetic** adj 유전(학)의 | **resemblance** n 유사성, 닮음

Sample Summary

Both the reading and lecture talk about the ancestry of modern-day English people. The reading suggests they are descended from Anglo-Saxons. However, the lecturer contradicts this by arguing that modern English people are actually descendants of Celts, not Anglo-Saxons.

Firstly, the reading quotes written records of that time which state that the majority of Anglo-Saxons migrated from Europe to England, quickly overwhelming the native Celts. However, the lecturer undermines the historical accuracy of the records, by pointing out that the accounts

지문과 강의는 둘 다 현대 영국인들의 혈통에 관해 이야기하고 있다. 지문에서는 그들이 앵글로 색슨족의 후손이라고 말한다. 그러나 강의자는 현대 영국인들이 실제로 앵글로 색슨족이 아니라 켈트족의 후손이라고 주장하며 이를 반박한다.

첫째, 지문은 그 당시의 기록을 인용하는데, 그 기록은 앵글로 색슨족의 대부분이 유럽에서 영국으로 이동했으며, 켈트 원주민을 빠르게 압도했다고 언급하고 있다. 그러나 강의자는 그 기록이 침략자들에 의해 쓰였다는 점을 지적하면서 기록의 역사적 정확성을 약화시킨다. 사실 켈트족은 침략자들보다

were written by the invaders. In fact, the Celts outnumbered their invaders.

Secondly, the author points out the similarities between modern English and the Anglo-Saxon language. He says that this would only have been possible if Anglo-Saxons were the primary population living in Britain. However, the lecturer argues that this does not lead to the conclusion that the people using the Anglo-Saxon language were in fact Anglo-Saxons. Rather, the Celts merely adopted the language of the invaders, just as Latin was used throughout the Roman Empire.

Lastly, the reading shares a DNA test result, which shows that people currently living in eastern England have DNA almost identical to the Anglo-Saxons. However, the lecturer points out that this localized sample cannot be an accurate representation of the entire population. The lecturer also says that there are results from other studies in which people living in modern-day England have DNA that closely resembles modern Celts.

수적으로 우세했다.

둘째, 저자는 현대 영어와 앵글로 색슨어 간의 유사점에 주목한다. 그는 이것이 앵글로 색슨족이 영국에 사는 주요 주민이었을 때에만 가능했을 것이라고 말한다. 그러나 강의자는 이것이 앵글로 색슨어를 사용하는 사람들이 실제로 앵글로 색슨족이었다는 결론으로 이어지지는 않는다고 주장한다. 오히려 라틴어가 로마 제국 전역에서 사용된 것처럼 켈트족이 침략자의 언어를 받아들였을 뿐이다.

마지막으로, 지문은 DNA 검사 결과를 공유하는데, 이는 현재 영국 동부에 사는 사람들이 앵글로 색슨족과 거의 같은 DNA를 가지고 있다는 것을 보여준다. 그러나 강의자는 이런 국지적인 표본이 전체 인구를 정확히 대표할 수 없다는 점을 지적한다. 강의자는 또한 현대 영국에 사는 사람들이 현대 켈트족과 매우 닮은 DNA를 가지고 있다는 것을 보여주는 연구 결과가 있다고 말한다.

어휘

ancestry n 가계, 혈통 ㅣ **invader** n 침략자 ㅣ **outnumber** v 수적으로 우세하다

Question 2

Question

For their children's benefit, some busy parents choose to spend their time ensuring that their children have fun. Others choose to focus on helping them with their schoolwork.

Which do you prefer? Use specific reasons and examples to support your answer.

바쁜 부모 중 일부는 아이들을 위해 반드시 자기 시간을 아이들과 즐거운 시간을 보내는 데 할애한다. 다른 부모들은 그 시간에 아이들의 학교 공부를 도와주는 데 주력한다.

당신은 어떤 것을 선호하는가? 구체적인 이유와 예시를 이용하여 답을 뒷받침하시오.

I think busy parents should spend their time on having fun with their children instead of helping them with their schoolwork. In that way, parents can help their children relax and feel refreshed. They can also talk to each other about many different things besides homework and school.

First, busy parents should spend their time doing something other than schoolwork with their children to help them refresh. Children already spend too much of their time sitting at their desks learning about various subjects. Even though they have recess and physical education class, they take up only a small portion of the day. Therefore, I think parents should do something other than studying with their children. They can play sports with their children, go to a beach or nearby park, or they can just stay at home, sit on the couch and watch a TV show together. It does not have to be something big. By having fun together, both the children and parents would feel refreshed and ready for the next day.

Second, by having fun together, busy parents can have time to communicate with their children. If they study together, they will not have enough time to talk about other things. If children do something fun with their parents, they would become more open and talk more. They will talk about their concerns, things that are happening at school, friends, etc. By sharing these things together, children would be able to trust their parents even more. This is especially important since the parents are busy with work, so they need to spend more time together to know and understand each other better.

In conclusion, I think it is better for busy parents to spend their time having fun with their children. By doing something fun together, both children and parents would feel refreshed. Also, they can

나는 바쁜 부모들이 아이들의 학교 공부를 도와주는 대신 아이들과 재미있게 놀면서 시간을 보내야 한다고 생각한다. 그렇게 하면 부모는 아이들이 쉬고 생기를 되찾게 도와줄 수 있다. 또한 숙제나 학교 이외의 다른 많은 것들에 대해 서로 이야기할 수 있다.

첫째, 바쁜 부모들은 아이들이 활기를 되찾을 수 있도록 학교 공부가 아닌 다른 것을 하면서 아이들과 시간을 보내야 한다. 아이들은 이미 책상 앞에 앉아 여러 과목에 관해 배우면서 너무 많은 시간을 보낸다. 물론 쉬는 시간과 체육 수업이 있긴 하지만 그것들은 일과에서 매우 적은 부분을 차지한다. 그러므로 나는 부모들이 아이들과 공부가 아닌 다른 것을 해야 한다고 생각한다. 부모는 아이들과 스포츠를 즐기거나, 해변 혹은 근처 공원에 가거나 혹은 그냥 집에 머물면서 소파에 앉아 TV 쇼를 함께 시청할 수도 있다. 그것이 대단한 것일 필요는 없다. 함께 즐거운 시간을 보냄으로써 아이들과 부모 모두 기분 전환을 하고 다음 날을 위한 준비를 할 수 있다.

둘째, 함께 즐거운 시간을 보냄으로써 바쁜 부모들은 자녀들과 소통하는 시간을 가질 수 있다. 만약에 함께 공부한다면 다른 것들에 대해 이야기 나눌 수 있는 시간이 충분하지 않을 것이다. 만약 아이들이 부모들과 재미있는 무엇인가를 한다면 더 마음을 열고 이야기를 더 많이 하게 될 것이다. 아이들은 자신들의 관심사, 학교에서 일어나는 일이나 친구 등에 관해 이야기할 것이다. 이런 것들을 함께 공유함으로써 아이들은 부모를 더욱더 신뢰할 수 있게 될 것이다. 이는 부모가 직장 일로 바빠서 서로를 더 잘 알고 이해하기 위해 함께 더 많은 시간을 보내야 할 필요가 있을 때 특히 중요하다.

결론적으로, 나는 바쁜 부모들이 아이들과 함께 즐거운 시간을 보내는 데 시간을 쓰는 것이 더 좋다고 생각한다. 재미있는 것을 함께 하면서 아이들과 부모 둘 다 기분 전환을 할 수 있다. 또한, 그들은 재

have more time to get to know each other when they are having fun.

미있게 놀 때 서로를 알아가는 시간을 더 많이 가질 수 있다.

어휘

recess n 휴식 시간, 휴회 | **physical education** 체육 | **feel refreshed** 기분 전환을 하다, 기분이 상쾌하다 | **concern** n 관심사, 걱정

Sample Essay 아이들의 학교 공부를 도와주는 것을 선호

I think busy parents should spend time on helping their children with their schoolwork instead of just having fun with them. In that way, parents would be able to guide their children effectively. They would also have an opportunity to understand what their children are learning.

나는 바쁜 부모들이 아이들과 그냥 재미있게 노는 대신 그들의 학교 공부를 도와주면서 시간을 보내야 한다고 생각한다. 그렇게 하면 부모들은 아이들을 효과적으로 지도할 수 있다. 또한, 부모는 아이들이 무엇을 배우고 있는지 알 기회를 얻을 수 있을 것이다.

First, busy parents should spend their time helping their children with schoolwork because they can help to guide their children's education. Even though teachers are there to help children, there is definitely a limit to how much they can take care of every single child in the class. This is because the number of teachers is far less than the number of students. For this reason, parents should be there to help their children. Children can ask their parents questions that they could not ask during class, and by studying and doing their schoolwork thoroughly, their learning skills will be improved.

첫째로, 바쁜 부모들은 아이들의 학교 공부를 도와주면서 시간을 보내야 하는데, 그 이유는 부모가 아이들의 교육을 이끌어가는 데 도움을 줄 수 있기 때문이다. 아이들을 도와주는 교사들이 있긴 하지만 교실에 있는 모든 아이를 하나하나 돌보기에는 분명 한계가 있다. 이것은 교사들의 숫자가 학생들의 숫자보다 훨씬 더 적기 때문이다. 이런 이유로 부모들이 아이들을 도와주어야 한다. 아이들은 수업 시간에 하지 못했던 질문들을 부모에게 할 수 있으며, 공부와 학업을 철저히 함으로써 그들의 학습 능력은 향상될 것이다.

Second, by helping their children with schoolwork, busy parents can have an opportunity to understand what their children are learning. For example, when a child is a second grade student, his parents would be able to know that he is learning two-digit subtraction these days if they spend time together doing schoolwork. Then, the parents would be able to give useful advice for solving problems and provide him with more examples. Of course, this is not limited to math;

둘째로, 아이들의 학교 공부를 도와줌으로써 바쁜 부모들은 자녀들이 무엇을 배우고 있는지 알 기회를 얻을 수 있다. 예를 들어, 아이가 2학년 학생일 때 함께 학교 공부를 하면서 시간을 보낸다면, 부모는 아이가 요즘에 두 자릿수 뺄셈을 배우고 있다는 것을 알 수 있을 것이다. 그러면 부모는 문제를 풀기 위한 유용한 조언을 해주거나 아이에게 더 많은 예시를 보여줄 수도 있을 것이다. 물론 이것은 수학에만 국한된 것이 아니며 다른 과목에도 적용될 수 있다. 아이들이 무엇을 배우고 있는지 알게 됨으로

it can be applied to other subjects as well. By knowing what their children are learning, parents can see how well their children are developing.

In conclusion, I think it is better for busy parents to spend their time helping their children with their schoolwork. By sparing time for educating their children, parents can help them learn more effectively because they can ask questions more easily and openly. Also, this will allow the parents to know what their children are learning, which will provide them with more understanding of their kids.

써 부모는 아이들이 얼마나 잘 성장하고 있는지 볼 수 있다.

결론적으로, 나는 바쁜 부모들이 아이들의 학교 공부를 도와주면서 시간을 보내는 것이 더 좋다고 생각한다. 아이들을 교육하는 데 시간을 할애함으로써 부모는 아이들이 좀 더 효과적으로 학습하도록 도와줄 수 있는데, 이는 아이들이 더 쉽고 솔직하게 질문할 수 있기 때문이다. 또한, 이를 통해 부모는 아이들이 무엇을 배우고 있는지 알고 자녀들을 더 잘 이해할 수 있게 해줄 것이다.

🔖 어휘

guide ⓥ 지도하다, 이끌다 I **definitely** 〔adv〕 분명히, 틀림없이 I **thoroughly** 〔adv〕 철저히, 완전히 I **learning skill** 학습 능력 I **two-digit** 〔adj〕 두 자리의 I **subtraction** 〔n〕 뺄셈 I **spare** ⓥ (시간·돈 등을) 할애하다, 내어 주다 I **openly** 〔adv〕 솔직하게

Actual Test 07

Question 1

Reading Passage

The technology of genetic modification offers many potential advances, especially in agriculture. The creation of genetically modified organisms (GMOs) is a revolution in science that may allow us to grow sufficient food and even improve a country's economy in the following ways.

First, GMOs can resolve one of the most significant difficulties many farmers face: a lack of precipitation. By genetically modifying crops to grow in dry conditions, science could give these farmers a higher yield from their land. If they can grow enough to have a surplus, they can sell the extra at the market. In this way, not only the farmers, but also the local and even the national economy could benefit.

Second, another threat that farmers face is pest organisms, particularly insects and fungi. However, GMOs can be created that produce toxins that will protect them against pests and remain harmless to people. With such crops, synthetic pesticides would be unnecessary, which benefits not only consumers, but also the environment. Chemical pesticides are a serious environmental pollutant, and they can affect many species other than the ones they are intended to kill.

Third, GMO crops can provide a variety of nutrients for many people who suffer from malnutrition due to their limited diet. These people suffer from vitamin deficiencies that can severely affect their health. However, these GMO crops are able to combat this situation because they can provide nutrients that the plants normally would not

유전자 변형 기술은 특히 농업 분야에서 많은 잠재적 발전을 제공한다. 유전자 변형 유기체(GMOs)의 개발은 다음과 같은 방법으로 우리가 충분한 식량을 생산하고 국가 경제까지 개선할 수 있게 하는 과학의 혁명이다.

첫째, 유전자 변형 유기체는 많은 농부가 직면한 가장 심각한 어려움 중 하나인 강수량 부족을 해결해 줄 수 있다. 건조한 기후에서 작물이 자라도록 유전적으로 변형함으로써 과학은 농부들이 땅에서 더 높은 생산량을 얻도록 해 준다. 그들이 여분의 농산물을 얻을 만큼 작물을 기르면 그것을 시장에서 팔 수 있다. 이러한 방식으로 농부들뿐 아니라 지역 경제와 심지어 국가 경제에도 도움이 될 수 있다.

둘째, 농부들이 직면한 또 다른 위협은 해충들, 특히 곤충과 곰팡이다. 그러나 스스로를 병충해로부터 보호하고 인간에게는 무해한 독소를 만들어 내는 유전자 변형 유기체를 개발할 수 있다. 그러한 작물들로 인해 합성 살충제는 불필요해질 것이며, 이는 소비자뿐만 아니라 환경에도 이득이 된다. 화학 살충제는 심각한 환경 오염원이며, 박멸하려던 해충이 아닌 다른 종에게도 악영향을 미칠 수 있다.

셋째, 유전자 변형 작물은 제한된 식단으로 인해 영양실조로 고생하는 많은 이들에게 다양한 영양소를 제공할 수 있다. 이들은 건강에 심각한 영향을 미칠 수 있는 비타민 부족으로 고생한다. 그러나 유전자 변형 작물은 식물이 일반적으로 포함하고 있지 않은 영양소를 제공할 수 있으므로 이런 상황을 타개할 수 있다. 예를 들어, 많은 문화권에서 쌀을 주

contain. For example, many cultures use rice as their staple crop, but it lacks vitamin A, which is required to grow properly. So, scientists have created a type of rice that contains large amounts of vitamin A to supplement their diet.

요 작물로 이용하고 있지만 쌀에는 제대로 성장하기 위해 필요한 비타민 A가 부족하다. 따라서 과학자들은 그들의 식단을 보충하기 위해 다량의 비타민 A를 함유한 쌀 품종을 개발했다.

🔖 어휘

genetic modification 유전자 변형 | **yield** n 생산량, 수확량 | **surplus** n 잉여분 | **fungi** n 곰팡이류 | **synthetic** adj 합성한, 인조의 | **pesticide** n 살충제 | **pollutant** n 오염 물질, 오염원 | **malnutrition** n 영양실조 | **deficiency** n 부족, 결핍 | **staple crop** 주요 작물 | **supplement** v 보충하다

Lecture Script 🎧 AT07

According to the reading, genetically modified organisms could help people in many ways, particularly with regard to agriculture. However, they may affect other plants and people in ways that the scientists never expected, so we should be very careful about using them.

To begin with, creating crops that can grow in areas that lack water seems like a fantastic idea. Such plants could allow people to grow food in areas that they never could before. But, that means that they could also thrive in areas where we did not intend them to. If they can grow in minimal soil and dry conditions, they could replace the normal plants, altering the food chain. In addition, they could crossbreed with non-GMO plants, making it difficult for people to know if their food is organic or GMO.

Next, developing insect and fungi resistant plants also has obvious benefits. Scientists have already created some such as corn and soya bean plants, but they have produced unexpected results. Firstly, it is only a temporary fix because insects reproduce so rapidly that they are already adapting to the toxin. Secondly, the pollen from GMO corn often gets blown onto other plants,

지문에 따르면 유전자 변형 유기체는 여러 방면에서, 특히 농업과 관련해 사람들에게 도움이 된다고 합니다. 그렇지만 그것은 과학자들이 전혀 예상치 못한 방식으로 다른 식물들과 사람들에게 영향을 미칠 수 있으므로 우리는 그것을 활용하는 것에 매우 주의를 기울여야 합니다.

우선, 물이 부족한 지역에서 자랄 수 있는 작물을 만들어 내는 것은 환상적인 아이디어처럼 보입니다. 그런 식물들 덕분에 사람들은 절대 불가능했던 곳에서 식량을 재배할 수 있게 되었습니다. 하지만 이는 우리가 의도치 않은 지역에서도 작물이 번성할 수 있다는 의미입니다. 작물이 최소의 토양과 건조한 기후에서 자랄 수 있다면, 정상적인 식물을 대체해 먹이 사슬을 변형시킬 수도 있습니다. 게다가 그런 작물들이 유전자 변형이 되지 않은 식물과 교배되면서 사람들은 자신이 먹는 식품이 유기농인지 유전자 변형 식품인지 알기 어렵게 됩니다.

다음으로, 곤충과 곰팡이에 저항력이 있는 식물들을 개발하는 것 역시 명백한 이점들이 있습니다. 과학자들은 옥수수와 콩 같은 그런 식물들을 이미 개발했지만 이것은 예상치 못한 결과를 낳았습니다. 첫째, 곤충이 너무 빨리 번식해서 이미 독소에 적응하고 있기 때문에 이는 그저 임시적인 해결책입니다. 둘째, 유전자 변형 옥수수에서 나오는 꽃가루는 종종 다른 식물로 옮겨가는데, 유익한 곤충들이 그

where beneficial insects eat it and are poisoned. This has rapidly reduced the populations of some types of butterflies.

Finally, providing adequate nutrition for the millions of people who subsist on poor diets seems difficult to argue against. But, simply adding vitamins to food that would not normally contain them is not a complete solution to the problem. Many experts agree that the plants that normally contain vitamin A such as leafy and root vegetables provide far more benefits than just that nutrient. Plus, the method by which the vitamin has been added could make it useless to people who are allergic to the chemicals that carry the vitamin.

것을 먹고 독살됩니다. 이는 특정 종의 나비 개체 수를 급격히 감소시켰습니다.

마지막으로, 빈약한 식단으로 연명하는 수백만 명의 사람들에게 적절한 영양을 공급하는 것에 대해서는 반론하기 힘들어 보입니다. 그러나 일반적으로 비타민을 함유하지 않은 식품에 단순히 그 비타민을 첨가하는 것이 그 문제에 대한 완벽한 해결책은 아닙니다. 많은 전문가는 잎줄기채소나 뿌리채소같이 일반적으로 비타민 A를 함유한 식물들이 그 영양소만이 아니라 훨씬 더 많은 이점을 제공한다는 것에 동의합니다. 게다가 비타민을 첨가하는 방식 때문에 비타민을 전달하는 화학물질에 알레르기가 있는 사람들에게는 효과가 없을 수도 있습니다.

🔖 어휘

with regard to ~와 관련하여 **ǀ food chain** 먹이 사슬 **ǀ crossbreed** ⓥ 이종 교배하다 **ǀ soya bean** 콩 **ǀ fix** ⓝ 해결책 **ǀ pollen** ⓝ 꽃가루 **ǀ subsist on** ~로 연명하다 **ǀ argue against** 반론하다 **ǀ leafy vegetable** 잎줄기채소 **ǀ root vegetable** 뿌리채소

Sample Summary

The reading gives reasons why genetically modified organisms (GMOs) could be beneficial to humans. However, the lecturer says that we still need to be careful about introducing genetically engineered organisms into the environment because they could bring unexpected results.

Firstly, the author explains that organisms can be modified to survive in regions that have little to no precipitation. This would help the farmers in dry regions. However, the lecturer undermines this idea by pointing out that it could be difficult to keep the plants under control. If the GMOs could thrive that well, they could affect the food chain.

지문은 왜 유전자 변형 유기체(GMOs)가 인간에게 유익한지에 대한 이유를 들고 있다. 그러나 강의자는 유전자 조작 유기체가 예측하지 못한 결과를 가져올 수 있으므로 이를 환경에 도입하는 것에 주의할 필요가 있다고 말한다.

첫째, 저자는 유기체가 강수량이 거의 없거나 아예 없는 지역에서 생존할 수 있도록 변형될 수 있다고 설명한다. 이는 건조한 지역의 농부들에게 도움이 될 것이다. 그러나 강의자는 그 식물을 통제하는 것이 어려울 것이라는 점을 지적하며 이 생각을 약화한다. 유전자 변형 유기체가 그렇게 잘 자랄 수 있다면 먹이 사슬에도 영향을 미칠 것이다.

Secondly, the reading passage cites the fact that GMOs could be developed to produce natural toxins to make them resistant to insects and fungi. This would also decrease the use of pesticides, which means we could grow healthier crops. However, the lecturer says that insects reproduce so rapidly that they would adapt to the toxin. Also, the pollen from these GMOs could kill beneficial insects.

Lastly, the reading argues that GMOs could help people who have limited diets. GMOs could provide them with nutrients that their staple crops lack. However, the lecturer states that this is not a better option because people can consume a greater variety of nutrients by eating other natural foods. Also, the chemicals contained in GMOs could cause allergic reactions in some people.

둘째, 읽기 지문은 곤충이나 곰팡이에 저항력을 가지는 자연적 독소를 만들어 낼 수 있는 유전자 변형 유기체를 개발할 수 있다는 사실을 인용한다. 이는 살충제의 사용도 줄일 것인데, 이는 더 건강한 작물을 재배할 수 있다는 것을 의미한다. 하지만 강의자는 곤충들이 매우 빨리 번식하기 때문에 이런 독소에 적응할 것이라고 말한다. 또한, 이들 유전자 변형 유기체에서 나오는 꽃가루는 이로운 곤충들을 죽일 수도 있다.

마지막으로, 지문은 유전자 변형 유기체가 제한된 식단을 가진 사람들을 도울 수 있다고 주장한다. 유전자 변형 유기체는 그들의 주요 작물에 부족한 영양소를 제공할 수 있다. 그러나 강의자는 사람들이 다른 자연식품을 섭취함으로써 더욱 다양한 영양소를 섭취할 수 있기 때문에 이것은 더 나은 선택지가 아니라고 말한다. 또한, 유전자 변형 유기체에 함유된 화학물질들은 일부 사람들에게 알레르기 반응을 일으킬 수도 있다.

어휘

cite ⓥ 인용하다, (이유, 예를) 들다 | **allergic reaction** 알레르기 반응

Question 2

Question

Do you agree or disagree with the following statement?

You can tell a person's character by the way he or she dresses.

Use specific reasons and examples to support your answer.

당신은 다음 진술에 동의하는가, 아니면 동의하지 않는가?

사람이 옷을 입는 방식을 보면 그 사람의 성격을 알 수 있다.

구체적인 이유와 예시를 이용하여 답을 뒷받침하시오.

I agree with the statement that you can learn much about someone's character by looking at the way he or she dresses. This is because the way that they dress shows you choices that they have made, and it reveals details about their personality.

Firstly, the way that people dress can reveal much about the life choices that they have made. For example, when I was a university student, there were many core classes that I had to take. Since everyone was required to take those classes at some point, there was a pretty diverse group of students with different majors. I noticed that the science majors would often dress very casually, usually in just a T-shirt and jeans, because they had to wear lab coats in most of their classes. I also saw that business majors would often wear a suit to look professional. So, I realized that their choice of major influenced their choices when they were getting dressed.

In addition, the way people dress can reveal many details about their personality. Someone who is outgoing may tend to wear brighter colors, whereas an introvert may be more likely to wear dull or darker colors. Moreover, the clothing choices that people make in a work environment with no uniform can also be very revealing. My older brother always wears a three piece suit to work, even though he doesn't have to, and he is very conservative. My little sister always dresses casually, and she is a very carefree person.

In conclusion, I strongly agree with the statement that you can tell a person's character by the way he or she dresses for the reasons mentioned above. The clothing that people wear can tell you about their conscious choices such as their major or their job. It can also tell you about their personality traits through the style they usually wear.

나는 사람이 옷을 입는 방식을 보면 그 사람의 성격에 대해 많이 알 수 있다는 진술에 동의한다. 이는 사람들이 옷을 입는 방식이 그들이 한 선택을 보여주고, 그들의 성격에 대한 자세한 정보를 드러내기 때문이다.

첫째, 사람들이 옷을 입는 방식은 그들이 하는 삶의 선택에 관해 많은 것을 드러낸다. 예를 들면, 대학생이었을 때 내가 꼭 들어야 하는 필수 과목이 많이 있었다. 모든 학생이 어느 시점에 꼭 들어야만 하는 과목들이었기 때문에 여러 다른 전공을 가진 다양한 학생들이 있었다. 나는 과학 전공의 학생들은 보통 티셔츠와 청바지같이 매우 편한 옷을 자주 입는다는 것을 알아차렸는데, 그들이 대부분의 수업 시간에 실험실 가운을 입어야 하기 때문이었다. 나는 또한 경영 전공 학생들은 전문적으로 보이기 위해 정장을 자주 입는 것을 보았다. 따라서 나는 전공 선택이 옷을 입을 때의 선택에 영향을 준다는 것을 깨달았다.

게다가 사람들이 옷을 입는 방식은 그들의 성격에 대해 많은 자세한 정보를 드러낼 수 있다. 외향적인 사람은 더 밝은색의 옷을 입는 경향이 있는 반면, 내성적인 사람은 칙칙하거나 더 어두운색의 옷을 입을 가능성이 크다. 게다가 제복이 없는 작업 환경에서 사람들의 의상 선택은 매우 흥미로운 사실을 보여준다. 나의 오빠는 그럴 필요가 없는데도 항상 회사에 스리피스(three-piece) 정장을 입고 가는데, 그는 매우 보수적이다. 내 여동생은 항상 편하게 옷을 입으며 태평한 성격이다.

결론적으로, 나는 위에 언급한 이유로 옷을 입는 방식을 보면 그 사람의 성격을 알 수 있다는 진술에 강하게 동의한다. 사람들이 입는 옷은 그들의 전공이나 직업 같은 의식적인 선택을 보여준다. 또한 사람들이 평소 입는 스타일을 통해 그들의 성격에 대해서도 말해줄 수 있다.

어휘

reveal v 드러내다 ⏐ **core class** 필수 과목 ⏐ **lab coat** 실험실 가운 ⏐ **outgoing** adj 외향적인, 사교적인 ⏐ **introvert** n 내성적인 사람 ⏐ **conservative** adj 보수적인 ⏐ **carefree** adj 태평한, 느긋한

Sample Essay 동의하지 않음

There are some people who agree with the statement that you can tell a person's character by the way he or she dresses. However, I am not one of them. I think that because of societal norms and the fashion industry, the way that people dress often tells you very little about whom that person really is.

Firstly, the majority of adults are required to wear a particular uniform or follow a dress code when they are at work. These clothes are designed to give a certain impression to customers or to keep the wearer safe or clean when they are working. However, once they get home, the majority of people trade their formal or protective clothing for whatever they feel comfortable in. Therefore, the clothing that they spend most of their time in actually tells you more about their workplace than their individual character.

In addition, the types of clothing that we wear for work or leisure are determined by the fashion industry. There are people who will say that they don't follow fashion. But in reality, they are making a conscious decision to defy trends, which means that they are still being influenced by them. Even functional clothing has been designed by someone who is paying attention to trends. Now, I will concede that the colors we choose in our free time do reflect our personalities to a certain degree. However, nearly everything else is dictated to us.

어떤 사람들은 사람이 옷을 입는 방식을 보면 그 사람의 성격을 알 수 있다는 진술에 동의한다. 하지만 나는 그것에 동의하지 않는다. 사회적 규범과 패션 업계 때문에 사람들이 옷을 입는 방식은 그 사람이 정말 누구인지에 대해 종종 아주 조금 알려준다.

먼저, 대다수의 성인은 일할 때 특정한 제복을 입거나 복장 규정을 따르도록 요구된다. 이 옷들은 고객들에게 특정한 이미지를 주거나 옷을 착용한 사람이 안전하고 깔끔하게 일할 수 있도록 디자인된 것이다. 그러나 집에 돌아가면 대부분의 사람들은 정장이나 작업복을 더 편한 옷으로 바꿔 입는다. 그러므로 사람들이 입고 대부분의 시간을 보내는 옷들은 사실 개개인의 성격보다는 그들의 직장에 대해 더 많은 것을 알려준다.

그리고 우리가 일이나 취미를 위해 입는 옷들의 종류는 패션 업계에 의해 결정된다. 자신은 패션을 따라가지 않는다고 말하는 사람들이 있다. 그러나 실제로는 트렌드를 거부하겠다는 의식적인 결정을 하고 있고, 이는 그들도 여전히 트렌드에 영향을 받고 있음을 의미한다. 기능적 옷마저도 트렌드에 주의를 기울이는 누군가에 의해 디자인된 것이다. 이제는 나는 우리가 여가에 선택하는 옷의 색상은 우리의 성격을 어느 정도 반영한다는 것을 인정하려 한다. 그러나 대개 그 밖의 모든 것이 우리를 좌우한다.

In conclusion, I strongly disagree with the given statement for the reasons mentioned above. I believe that people have so little genuine choice in what they wear that clothing is not a reliable way to learn about a person's character. Whether it is because of work requirements or the fashion industry, about the only choice we get to make is color, but even the colors we have to select from were first chosen by someone else.

결론적으로, 나는 위의 이유로 주어진 진술에 절대 동의할 수 없다. 나는 사람들이 자신들이 입을 옷에 대해 진정한 선택을 내릴 기회가 매우 적으므로 옷이 사람의 성격에 대해 알 수 있는 믿을 만한 방법이 아니라고 생각한다. 직업에 의해 요구되는 것이든 패션 업계에 의해 요구되는 것이든 우리가 유일하게 선택할 수 있는 것은 색상뿐이며, 우리가 고르는 색상들마저 다른 누군가에 의해 먼저 결정된 것이다.

어휘

societal norm 사회적 규범 | **defy** ⓥ 거부하다, 반항하다 | **concede** ⓥ 인정하다 | **to a certain degree** 어느 정도는 | **dictate** ⓥ 지시하다, 좌우하다, 영향을 주다 | **genuine** ⓐ 진정한, 진짜의 | **reliable** ⓐ 믿을 만한

PAGODA TOEFL 90+

WRITING

Actual Test

PAGODA
TOEFL
90+ Writing
Actual Test